새로워진 교재!
더 좋은 엄마!

한 아이가 태어났습니다.

엄마에게 아이는 경이롭고 신비한 우주이며, 아이에게 엄마는 최초로 경험하는 따뜻한 세상입니다.

아이가 옹알옹알 말을 시작하고, 걷고 뛰고, 울고 웃는 한순간도 엄마는 놓치지 않습니다.

아이가 말과 글을 익히고 수와 셈을 하는 순간에도 엄마는 눈을 뗄 수 없습니다.

엄마의 눈 속에서 자란 아이는 곧 친구들과 뛰어놀고 선생님과 공부하며 차츰 사물의 원리와 사회의 규칙을 알아갑니다.

이제 엄마는 아이와 매순간을 할 수 없지만, 엄마의 눈과 귀는 항상 아이를 향합니다.

비록 아이가 살아가야 할 세상이 녹록치 않고 힘들더라도 엄마는 아이를 믿습니다.

'넌 잘할 수 있어!', '항상 좋은 길로 인도하소서.'

격려와 기도를 아끼지 않으면서……

아무리 사교육이 성행하고 재능을 가진 선생님들이 이름을 떨치는 세상이라지만 아이의 꿈 하나하나를 소중히 담아 한껏 펼칠 수 있게 해 주는 분은 변함없이 엄마입니다.

기탄 교재는 이미 200만 명이 넘는 어린이가 사용하며 그 우수성을 입증해 보인 바 있습니다. 특히 〈기탄국어〉는 한글과 국어의 기초가 되는 어휘력, 독해력, 논술력을 키우는 데 좋은 교재라는 평가를 받으며 오랜 기간 동안 사랑받아 왔습니다.

그리고 국내 최초로 주별로 한 권씩 교재가 분리되는 4 in 1 체제를 도입한 〈새기탄국어〉는 변화하는 초등학교 교육 과정에 맞추어 '듣기·말하기, 읽기, 국어지식, 쓰기' 등 국어의 전 교과를 영역별로 균형 있게 학습하여 성취도를 극대화할 수 있는 교재로 자리매김 해 왔습니다.

이러한 토대 위에서 이번에 새롭게 선보이는 〈기탄국어(개정판)〉는 새 시대, 새 감각에 맞추어 내용을 보강하고 디자인을 고품격화하여 엄마 선생님과 어린이들을 찾아뵙게 되었습니다.

기탄은 대한민국의 모든 어린이가 공부의 기초를 탄탄히 다져서 당당하고 멋진 사회인으로 성장할 수 있도록 가장 좋은 교재로 가장 좋은 선생님, 엄마 선생님께 보답하겠습니다.

참 좋은 교재!
기탄 국어

한글은 최초로 배우는 모국어이자 학습의 시작입니다. 따라서, 한글을 배우는 것은 물이 흘러가듯, 나무가 자라듯 자연스럽고 즐거워야 합니다.
〈기탄국어〉는 한글을 놀이처럼 쉽고 재미있고 즐겁게 시작할 수 있도록 도와주며, 국어 기초 실력을 탄탄하게 해 주는 개인별, 능력별 학습 프로그램입니다.
총 10단계 50집으로 엮어진 〈기탄국어〉는 한글과 국어의 기초를 학습하는 A~D단계 교재와 초등학교 과정에 해당하는 E~J단계 교재로 나누어져 있습니다.

〈기탄국어〉가 좋은 이유는…

● **개인의 학습 능력에 맞춘 학습으로 기초가 탄탄!**
교과서 위주의 기본 개념을 묻는 학습 방법에서 탈피하여, 한글과 국어 학습의 기본 원리를 기본으로 하면서도 학습자의 능력에 맞추어 국어 사용 능력이 골고루 향상되도록 편성했습니다.

● **다양한 글감을 통해 어휘력, 독해력이 쑥쑥!**
교과서에 다루는 지문 이외의 다양한 글감을 수록하여 독해력을 향상시키고 어휘력을 증강시켜, 다양한 글에 대한 감각과 어떤 문제가 나오더라도 쉽게 풀 수 있는 자신감을 키워 줍니다.

● **균형 있는 학습으로 실력이 튼튼!**
읽기 학습뿐만 아니라 다양한 방법으로 말하고 국어의 기본 원리를 정확하게 알고 논리적으로 표현하는 쓰기 학습에 이르기까지 균형적인 국어 학습이 될 수 있도록 도와줍니다.

● **다양한 창의력 문제를 통해 창의력이 반짝!**
문제의 상황에서 머무르는 것이 아니라 다른 상황이나 개인의 생활에 적용할 수 있는 창의력 문제를 수록하여 창의적이고 독특한 발상을 할 수 있도록 했습니다.

● **체계적 서술형 문제로 글쓰기, 논술이 술술!**
단순한 주관식 문제에서 벗어나 줄거리 요약하기, 상상하여 이어 쓰기 등 논술의 기본이 되는 문장 표현력을 향상시켜 주며, 체계적 문제 해결 과정을 통한 논리적인 글쓰기가 가능하도록 구성했습니다.

● **매일매일 학습을 통해 자신감이 불끈!**
매일 일정 분량의 학습을 유도하기 때문에 규칙적이고 체계적인 국어 지식을 쌓을 수 있어 자신감을 갖고 공부할 수 있습니다.

〈기탄국어〉 단계별 학습 내용

단계	대상	구분	주요 학습 내용	학습 목표
A단계	유아	1집	자 · 모음 모양 익히기	
		2집	자 · 모음 낱자 익히기	
		3집	낱글자(가~후) 익히기	
		4집	낱글자(그~헤) 익히기	
		5집	주제(그림)에 맞는 낱말 익히기	**〈한글과정〉**
B단계	유아	1집	받침(ㄱ~ㅁ)이 있는 낱말 익히기	• 한글의 자 · 모음 쓰기와 낱말 학습을 통해 낱말을 익히고 어휘력을 신장한다.
		2집	받침(ㅂ~ㅎ)이 있는 낱말 익히기	
		3집	이중 모음(ㅑ~ㅢ) 익히기	
		4집	쌍자음을 통한 된소리 익히기	
		5집	주제에 따른 낱말 배우기	• 동화 읽기와 간단한 문장 쓰기 등을 통해 독해력의 기초를 완성한다.
C단계	유아, 초1	1집	대상의 알맞은 이름 배우기	
		2집	풀이말을 통한 맞선말 배우기	
		3집	소리, 모양을 흉내 내는 말 배우기	• 초등학교 입학을 위한 준비를 완벽하게 할 수 있도록 구성한다.
		4집	문장의 구조 배우기	
		5집	겹받침이 있는 낱말 익히기	
D단계	유아, 초1	1집	대상의 이름과 인사말 배우기	
		2집	풀이말, 문장의 순서 익히기	
		3집	위치, 단위를 나타내는 말 익히기	
		4집	꾸며 주는 말, 소리와 모양을 흉내 내는 말 익히기	
		5집	여러 문장 성분을 이용해 문장 만들기	
E단계	초1, 2	1집	다양한 글감을 통한 어휘력, 창의력을 키우는 과정	
		2집		
		3집		
		4집		
		5집		
F단계	초2, 3	1집	다양한 지문을 통해 이해력, 독해력을 향상시키고 기초 글 쓰기를 훈련하는 과정	
		2집		
		3집		
		4집		
		5집		**〈국어과정〉**
G단계	초3, 4	1집	독해력과 상상력을 바탕으로 논리적 글쓰기의 기초를 다지는 과정	• 다양한 글감을 통해 어휘력, 독해력을 신장시킨다.
		2집		
		3집		
		4집		• 듣기, 말하기, 읽기, 쓰기, 국어지식 등 다양한 영역을 통해 균형적인 학습을 한다.
		5집		
H단계	초4, 5	1집	표현력 신장과 논리적인 언어 구사 훈련을 통해 논리적 사고력을 쌓는 과정	
		2집		
		3집		• 창의력, 서술형 문제 등으로 글쓰기, 논술 능력을 향상시킨다.
		4집		
		5집		
I단계	초5, 6	1집	다양한 한자 어휘를 효과적으로 문장에서 적용하는 논술 실전 글쓰기 과정	
		2집		
		3집		
		4집		
		5집		
J단계	초6, 중1	1집	배경 지식을 확장하고 고급 어휘를 구사하는 능력을 키워 중학 국어에 대비할 수 있는 과정	
		2집		
		3집		
		4집		
		5집		

엄마 선생님,
이렇게 지도해 주세요!

Tip 1 어린이의 능력에 맞추어 자신 있게 풀 수 있는 단계부터 시작하세요!

〈기탄국어〉는 한글 학습과 초등 국어 교과서를 총망라하여 어린이 개인의 능력에 따라 선택하여 목표에 도달할 수 있도록 편성된 교재입니다. 어린이의 능력을 고려하지 않고 어려운 단계부터 시작한다면 학습에 흥미를 잃어버릴 수 있으니 자신 있게 풀 수 있는 쉬운 단계부터 시작하여 조금씩 단계를 높여 진행해 주세요.

Tip 2 매일 정해진 분량만큼 자녀가 학습할 수 있도록 유도하세요!

〈기탄국어〉는 매일 일정한 시간에 규칙적으로 풀면 학습 효과를 극대화할 수 있습니다. 매일 표준 학습량인 4장씩 풀게 하되, 어린이의 능력에 따라 조절하여 진행시켜 주세요. 학습 계획을 세우지 않고 두꺼운 교재를 그냥 풀게 하면 어린이들의 학습 의욕이 저하될 수 있으므로 학습 계획표(이만큼 했어요)에 학습한 분량만큼 색칠하게 하여 성취감을 맛볼 수 있도록 유도해 주세요.

Tip 3 공부하는 어린이 곁에서 응원해 주세요!

좋아하는 사람과 맛있는 음식을 먹듯 공부를 맛있게 하면 좋겠지만, 아무리 훌륭한 교재라도 공부를 즐기며 한다는 것은 쉽지 않은 일이지요. 어린이가 학습하고 있는 곳에서 멀지 않은 곳에 엄마가 함께 한다는 것은 어린이에게는 큰 힘이 될 수 있습니다.

Tip 4 어린이의 답안을 주의 깊게 살펴보며 칭찬해 주세요!

어린이가 교재를 다 풀면 채점을 하면서 반복적으로 틀린 문제를 살펴보고, 다음에 유사한 문제를 풀 때에 같은 실수를 반복하지 않도록 지도해 주세요. 채점은 색연필로 정성들여 해 주시고 결과에 상관 없이 열심히 공부한 어린이의 마음을 헤아려 칭찬과 격려로 자신감을 심어 주세요.

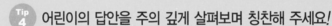

영역별 지도 방법

♣ **듣기 · 말하기** : 정확한 발음으로 말을 하며 자신의 생각을 자신 있게 표현할 수 있도록 유도합니다.

♣ **읽기**

– **동시** : 반복되는 말이나 흉내말 등에서 생기는 리듬감을 느끼며 읽고, 자신의 경험에 연결시킬 수 있도록 유도합니다.

– **동화** : 사건의 배경과 인물의 배경을 생각하면서 재미있게 읽고, 이야기의 순서와 내용을 간추리고 유사한 상황이나 다른 상황으로 적용할 수 있도록 유도합니다.

– **생활문** : 누가, 언제, 어디에서, 무엇을 하였는지 살피며 인물의 마음의 변화에 주의하여 읽도록 유도합니다.

– **일기글** : 하루 동안 있었던 일을 생각하며 감정의 변화에 주의하여 읽도록 유도합니다.

– **편지글** : 편지의 형식과 내용에 유의하며 글쓴이의 사연을 잘 파악하도록 합니다.

– **설명문** : 설명하는 대상의 정확한 정보를 잘 파악하여 내용을 간추릴 수 있도록 합니다.

– **논설문** : 글쓴이의 주장과 근거를 파악하여 논리적으로 판단할 수 있도록 유도합니다.

– **기행문** : 여행하면서 본 것, 들은 것, 느낀 것이 무엇인지 파악할 수 있도록 합니다.

– **전기문** : 인물의 행동이나 성격, 한 일 등을 통해 배울 점이 무엇인지 파악하게 합니다.

– **희곡** : 연극의 상황을 이해하고 사건과 인물간의 갈등을 파악하도록 유도합니다.

♣ **쓰기** : 자신의 생각과 느낌을 정확하고 생동감 있게 글로 표현할 수 있도록 합니다.

♣ **국어지식** : 국어의 기초가 되는 낱말, 문단, 문장의 기초 원리를 파악하도록 합니다.

개인별 · 능력별 학습 프로그램

기탄국어

이~만큼 했어요!

하루에 4장씩 공부하고 빈칸을 색칠해 보세요.
다 채우고 난 후에 엄마께 자랑해 보세요.

기탄국어

F단계 1집 1주차
1a~20b

학습 내용

1일(1a~4b)	2일(5a~8b)	3일(9a~12b)	4일(13a~16b)	5일(17a~20b)
• 실감나게 표현하기 • 청개구리(동시) • 지영이의 편지(편지글) • 단것을 즐겨 먹던 당나귀 I (창작 동화)	• 단것을 즐겨 먹던 당나귀 II (창작 동화) • 우석이의 일기(일기글)	• 축구 시합(생활문) • 흉내 내는 말 • 낱말 연상하기	• 청렴한 선비 황희 (전기문)	• 감기(설명문) • 짧은소리와 긴소리 • 상상하여 쓰기

학습 관리표

	1일	2일	3일	4일	5일	이번 주는?
금주평가	Ⓐ 아주 잘함	Ⓐ 아주 잘함	Ⓐ 아주 잘함	Ⓐ 아주 잘함	Ⓐ 아주 잘함	● 학습 방법 ❶ 매일매일 ❷ 가끔 ❸ 한꺼번에 하였습니다.
	Ⓑ 잘함	Ⓑ 잘함	Ⓑ 잘함	Ⓑ 잘함	Ⓑ 잘함	● 학습 태도 ❶ 스스로 잘 ❷ 시켜서 억지로 하였습니다.
	Ⓒ 보통	Ⓒ 보통	Ⓒ 보통	Ⓒ 보통	Ⓒ 보통	● 학습 흥미 ❶ 재미있게 ❷ 싫증내며 하였습니다.
	Ⓓ 부족함	Ⓓ 부족함	Ⓓ 부족함	Ⓓ 부족함	Ⓓ 부족함	● 교재 내용 ❶ 적합하다고 ❷ 어렵다고 ❸ 쉽다고 하였습니다.

지도 교사가 부모님께	부모님이 지도 교사께

종합 평가	Ⓐ 아주 잘함	Ⓑ 잘함	Ⓒ 보통	Ⓓ 노력해야 함

원

교　　　　　　반　　　이름

기탄부터 탄탄관계
Ⓖ 기탄교육

실감나게 표현하기

F1a

🌱 혜민이는 등굣길에 아주 큰 개를 봤어요. 혜민이의 이야기를 듣고 민수와 채린이는 그 말을 어떻게 표현했는지 친구들의 이야기를 살펴보세요.

1. 민수와 채린이 중 누가 더 실감나게 이야기를 하고 있나요?

채린

2. 여러분이 혜민이에게 들은 이야기를 실감나게 표현해 보세요.

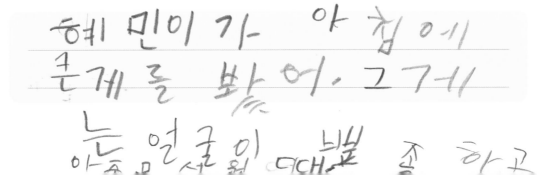

혜민이가 아침에 큰 개를 봤어. 그게 는 얼굴이 뾰 족 하고

🌱 즐거운 마음으로 동시를 읽고 물음에 답해 보세요.

• 글의 종류 : 동시
• 글쓴이 : 이원수
• 시의 짜임 : 2연 8행
• 글감 : 청개구리

청개구리

앵두나무 가지에
청개구리 앉아서
여름철이 온다고
노래 노래합니다.

가지 끝에 매달린
앵두 앵두 익으면
제가 먼저 딴다고
기쁜 노래 합니다.

1. 청개구리는 어떤 나무 열매를 기다리고 있나요?

앵	두	나	무

서술형 문제

2. 여러분이라면 청개구리가 왜 운다고 표현했겠는지 써 보세요.

새들을 따라 노래를 하는 것 같아요.

지영이의 편지

F2a

🌱 편지를 읽고 물음에 답해 보세요.

• 글의 종류 : 편지글
• 글감 : 생일 초대

지영이의 편지

시내에게

시내야, 안녕? 날씨가 점점 시원해지고 있어. 이제 가을이 멀지 않았나 봐.

매일 학교에서 보는데 편지를 쓰려니 조금 쑥스럽다.
　　　　　　　　　　　　　　　　하는 것이나 모양이 우스운 데가 있다.

9월 15일이 내 생일이야. 너도 우리 집에 와서 축하해 주었으면 해. 와 줄 거지?

토요일 낮 3시에 바다 아파트 103동 앞에서 친구들을 만나서 함께 와도 되고, 만약 늦는다면 우리 집으로 바로 오면 돼. 우리 집은 103동 702호야.

점심은 안 먹고 오는 게 좋겠어. 어머니께서 맛있는 음식을 많이 준비해 주신다고 하셨거든.

그럼 꼭 와. 안녕.

9월 11일

친구 지영 씀

1. '나'가 시내를 초대하는 이유는 무엇인가요?

나의 　생일　 이라서

2. 편지에 나타난 날씨에 대한 설명이 바른 것에 ◯를 해 보세요.

　① 무더위가 한창이다. (　　　)

　② 가을로 접어드는 중이다. (◯)

　③ 쌀쌀한 바람이 불어오고 있다. (　　　)

3. 초대하는 장소는 어디인가요?

　바다 아파트 ___103___ 동 ___702___호

4. '나'의 생일은 언제인가요?

　9 월 15 일 토 요일

5. 이 글은 어떤 종류의 편지인가요?

　초 대 편지

서술형 문제

6. 초대 편지에 반드시 적어야 할 것에는 무엇이 있을까요?

　시간, 장소, 날짜, 초대하는 이유

　초대 편지에는 초대 받는 사람과 장소와 시간, 그리고 초대하는 이유를 씁니다.

단것을 즐겨 먹던 당나귀

🌱 동화를 재미있게 읽고 물음에 답해 보세요.

• 글의 종류 : 창작 동화
• 글감 : 당나귀의 이빨

단것을 즐겨 먹던 당나귀 ❶

동물 마을에서 '이빨 시합'을 하였는데 당나귀가 일등을 하였습니다.

당나귀는 썩은 이빨이 하나도 없을 뿐만 아니라 이빨이 눈처럼 희고 고왔으며, 가지런했기 때문입니다.

당나귀는 모든 경쟁자들 앞에서 자신의 가지런한 고운
　　　　　　같은 부분이나 위치에서 서로 겨루는 사람　　　　　　　여러 끝이 들쭉날쭉함이 없이 고른
이빨을 드러내 놓고 의기양양하게 웃었습니다.
　　　　　　　바라던 것을 이루어 자신만만한 마음이 얼굴에 나타나게

1. 당나귀는 무슨 시합에서 일등을 했나요?

이빨 시합

2. 당나귀가 일등을 할 수 있었던 까닭이 아닌 것은 무엇과 무엇인가요?

① 이빨이 가지런해서

② 이빨이 희고 고와서

❸ 이빨이 가장 많아서

④ 썩은 이빨이 하나도 없어서

❺ 이빨이 가장 많이 썩어 있어서

3. 당나귀의 이빨은 무엇처럼 희고 고왔나요?

눈 처럼 희고 고왔습니다.

4. 다음 중 나머지 넷과 뜻이 다른 문장은 무엇인가요?

① 당나귀는 당당하게 웃었습니다.

❷ 당나귀는 씁쓸하게 웃었습니다.

③ 당나귀는 자신있게 웃었습니다.

④ 당나귀는 의기양양하게 웃었습니다.

⑤ 당나귀는 자신만만하게 웃었습니다.

5. 바라던 것을 이루어 자신만만한 마음이 얼굴에 나타나는 모양을 가리키는 낱말을 찾아 써 보세요.

의 기 양 양

단것을 즐겨 먹던 당나귀

🌱 동화를 재미있게 읽고 물음에 답해 보세요.

단것을 즐겨 먹던 당나귀 ❷

이튿날 신문에는 당나귀가 웃는 장면을 찍은 사진이 실
렸고, 그 위에는 '이빨 시합에서 일등을 한 당나귀 선생'
이라는 설명까지 실려 있었습니다.

어떠한 장소에서 보여진 모습

다른 사람에게 어떤 사실을 알기 쉽게 전달하기 위한 글이나 말

"축하해요. 당나귀 씨!"

"축하합니다!"

큰길가 빵집 주인은 당나귀에게 커다란 케이크 하나를
주면서 축하했습니다. 케이크가 얼마나 큰지 어른 모자 셋
을 덧놓은 높이만큼 컸습니다.

올려놓은 것 위에 또 놓은

당나귀는 케이크에 묻은 버터를 게걸스
럽게 핥아 보았습니다. 정말 맛있었
습니다.

몹시 먹고 싶거나 하고 싶은 욕심에 사로 잡힌 듯하게

당나귀는 ⊙게 눈 감추듯
케이크를 몽땅 먹어 치웠습
니다.

1. 당나귀가 웃고 있는 장면은 어디에 실렸나요?

신 문

2. 빵집 주인이 준 케이크의 크기는 얼마만큼 컸나요?

어른 모자 셋을 덧놓은 높이만큼

3. 다음 중 바르게 쓴 낱말은 무엇인가요?

① 할타 보았습니다.   ② 핥타 보았습니다.

③ 핥아 보았습니다.   ④ 핧다 보았습니다.

⑤ 할따 보았습니다.

 핵심 문제

4. 빵집 주인이 커다란 케이크를 당나귀에게 준 까닭은 무엇인가요?

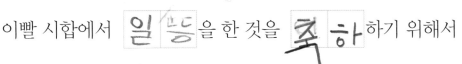

이빨 시합에서 일등 을 한 것을 축하 하기 위해서

5. ㉠과 바꾸어 쓸 수 있는 말은 무엇인가요?

① 몰래 숨어서   ② 욕심을 부리며

③ 몹시 조심스럽게   ④ 눈치를 살펴가며

⑤ 눈 깜짝할 사이에

단것을 즐겨 먹던 당나귀

🌱 동화를 재미있게 읽고 물음에 답해 보세요.

단것을 즐겨 먹던 당나귀 ❸

며칠이 지난 후 당나귀는 목이 말라 강가로 갔습니다.

"아야!"

차디찬 강물을 한 모금 마시던 당나귀는 소리쳤습니다. 이빨이 너무 아파서 얼굴을 찡그렸습니다. 워낙 차디찬 강물이 이빨 틈으로 스며드는 바람에 이빨이 몹시 아팠던 것입니다.

"어찌된 일일까?"

당나귀는 <u>어리둥절해하면서</u> 강가를
<small>까닭을 알 수 없어 정신이 얼떨떨해하면서</small>
떠났습니다.

1. 당나귀는 왜 얼굴을 찡그렸나요?

이 빨 이 너무 아파서

2. 다음 중 뜻이 가장 큰 낱말에 ○를 해 보세요.

눈   코   입   눈썹   (얼굴)   턱   볼

🌱 동화를 재미있게 읽고 물음에 답해 보세요.

단것을 즐겨 먹던 당나귀 ❹

'이빨 시합에서 일등을 한 내 이빨이 썩어서는 안 되지.'

당나귀는 의사를 찾아갔습니다.

의사는 당나귀의 이빨을 자세히 들여다보고 나서 말했습니다.

"이빨이 썩었습니다. 당신은 단 음식을 많이 먹고 나서도 칫솔질을 하지 않은 것으로 보이는군요."

당나귀는 부끄러워서 어쩔 줄 몰라 하며 고개만 끄덕였습니다.

1. 당나귀는 어느 의사를 찾아갔을까요?

① 내과 의사   ② 외과 의사   ❸ 치과 의사

④ 피부과 의사   ⑤ 소아과 의사

서술형 문제

2. 다음이 원인이 되어 일어난 결과를 써 보세요.

원인 : 단 음식을 많이 먹고 나서도 칫솔질을 하지 않았습니다.

결과 : 그래서 이 빨이 썩었습니다.

단것을 즐겨 먹던 당나귀

🌱 동화를 재미있게 읽고 물음에 답해 보세요.

단것을 즐겨 먹던 당나귀 ❺

"입 안에는 단것을 좋아하는 세균이 많이 있습니다. 단것이 이빨에 남아 있으면 세균들이 달려와서 먹고는 산성 물질을 내보냅니다. 이 물질이 이빨을 조금씩 썩게 하지요. 그러므로 식사한 후나 단것을 먹은 후에는 반드시 칫솔질을 해서 이빨을 보호해 주어야 하는 것입니다. 그렇지 않으면 썩은 이빨이 생기게 됩니다."

의사가 당나귀에게 말해 주었습니다.

현미경을 통해 볼 수 있는 가장 작은 단세포 동물

1. 세균이 입 안에 남아 있는 단것을 먹고 내보내는 것은 무엇인가요?

□□　□□

2. 이빨이 썩게 되는 과정입니다. 차례대로 번호를 써 보세요.

(1) 이빨이 조금씩 썩게 됩니다. (　　　)

(2) 케이크와 아이스크림을 먹었습니다. (　　　)

(3) 세균들이 산성 물질을 내보냅니다. (　　　)

(4) 세균이 이빨에 남은 단것을 먹습니다. (　　　)

🌱 동화를 재미있게 읽고 물음에 답해 보세요.

단것을 즐겨 먹던 당나귀 ❻

당나귀가 얼굴이 빨개져 울상을 짓고 있자 의사가 당나귀를 위로했습니다.

"너무 두려워하지 마세요. 곰 선생과 여우 선생의 썩은 이빨도 내가 고쳐 주었으니까요. 이리 오세요. 다시 한 번 봅시다."

의사는 당나귀의 썩은 이빨을 치료하기 위해 당나귀에게 마스크를 걸어 주었습니다.

이후에 당나귀는 음식을 먹고 나면 꼭 칫솔질을 하게 되었답니다.

1. 이빨이 썩어서 치료를 받은 동물은 누구누구인가요?

① 곰   ② 여우   ③ 토끼

④ 악어   ⑤ 코끼리

2. 당나귀가 깨달은 점은 무엇일까요?

음식을 먹고 나면 꼭 ☐☐☐ 을 해야 이빨이 썩지 않는다는 점

단것을 즐겨 먹던 당나귀

🌱 〈단것을 즐겨 먹던 당나귀〉의 내용을 생각하며 물음에 답해 보세요.

1. 다음 그림을 보고 이야기의 줄거리에 맞게 번호를 써 보세요.

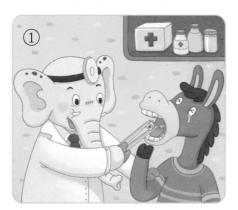

(   ) → (   ) → (   ) → (   ) → (   )

2. 〈단것을 즐겨 먹던 당나귀〉의 내용을 생각하며 줄거리를 완성해 보세요.

어느 날 동물 마을에서 [ ][ ]을 하였는데 [ ][ ]가 일등을 했습니다.

다음 날 당나귀는 빵집 주인이 일등을 축하하는 뜻에서 준 [ ][ ]를 게 눈 감추듯 몽땅 먹어 버렸습니다.

며칠 후 당나귀는 목이 말라 [ ]로 갔습니다. 차디찬 강물을 한 모금 마신 당나귀는 [ ]이 아파서 얼굴을 찡그렸습니다.

너무 놀란 당나귀는 [ ]를 찾아갔습니다. 의사는 당나귀의 이빨이 썩었다고 말했습니다. 입 안에 살고 있는 [ ]들이 이빨에 남은 단것을 먹고 나면 [ ][ ]을 내보내는데 이것이 이빨을 썩게 한다고 말했습니다.

그래서 당나귀는 그 이후부터 [ ]을 먹고 난 후에 반드시 [ ]을 하게 되었습니다.

우석이의 일기

🌱 일기를 읽고 물음에 답해 보세요.

우석이의 일기

• 글의 종류 : 생활문
• 글감 : 헌혈

9월 27일 금요일 ⃞ㄱ

엄마와 함께 백화점에 갔다.

그런데 백화점 앞에 빨간 십자가가 그려진 차가 서 있었다. 차에는 '헌혈은 사랑입니다.' 라는 글이 쓰여 있었다.

'헌혈이 뭐지?'

헌혈이 무엇인지 궁금해서 엄마께 여쭈어 보았다. 헌혈은 자신의 피를 조금 뽑아서 피가 모자라는 아픈 사람들에게 나누어 주는 것이라고 가르쳐 주셨다.

엄마도 헌혈을 세 번 하셨다고 말씀하셨다. 엄마가 존경스러웠다. 나도 좀 더 크면 헌혈을 하겠다고 다짐했다.

남의 행동, 생각 따위를 받들어 공경함.

1. 일기 형식에 필요한 요소 중 ㉠에 들어가야 할 것은 무엇인가요?

① 날짜   ② 제목   ③ 요일

④ 날씨   ⑤ 쓴 사람

2. 우석이가 백화점 앞에서 본 것은 무엇인가요?

빨간 ☐☐☐ 가 그려진 ☐

3. 백화점 앞 헌혈차에는 어떤 글이 쓰여 있었나요?

_____

4. 우석이가 궁금해한 것은 무엇인가요?

차에 써 있는 '☐☐' 이라는 말의 뜻

5. 헌혈은 무엇이라고 했는지 써 보세요.

_____

서술형 문제

6. 헌혈 외에 다른 사람들을 위해 할 수 있는 일에는 어떤 것들이 있는 지 써 보세요.

_____

축구 시합

🌱 생활문을 재미있게 읽고 물음에 답해 보세요.

• 글의 종류 : 생활문
• 글감 : 축구 시합

축구 시합 ①

체육 시간이었습니다.

반장이 갑자기 활짝 웃으면서 교실에 들어왔습니다.

"얘들아, 체육 시간에 운동장으로 모이래. 모두 체육복으로 갈아입고 나가자."

갑작스런 반장의 말에 아이들은 환호성을 지르면서 옷을 갈아입었습니다.

_{기뻐서 부르짖는 소리}

교실은 아이들의 떠드는 소리로 소란스러웠습니다.

그동안 체육 시간에 주로 운동회 준비만 했기 때문에 아이들은 모처럼 체육 시간에 운동장에 나가 운동을 하게 된 것을 매우 즐거워했습니다.

1. 언제 있었던 일인가요?

2. 반장이 교실에 들어오면서 전해 준 말은 무엇인가요?

체육 시간에 [　　] 으로 갈아입고 [　　] 으로 모이라고

3. 아이들은 그동안 체육 시간에 무엇을 했나요?

[　　　] 준비

4. 반장의 말에 아이들이 즐거워한 이유는 무엇인가요?

모처럼 체육 시간에 운동장에 나가 [　　] 을 하게 되어서

5. 다음 중 뜻이 가장 큰말에 ○를 해 보세요.

배구   달리기   축구   농구   줄넘기   운동   테니스

6. 빈칸에 들어갈 알맞은 낱말을 찾아 써 보세요.

체육 대회에서 일등을 했다는 소식에 아이들은 [　　　] 을 질렀습니다.

축구 시합

🌱 생활문을 재미있게 읽고 물음에 답해 보세요.

축구 시합 ②

우리들은 운동장에 모여 차례로 줄을 선 다음, ㉠반장의 호루라기에 맞춰 준비 운동을 하고 운동장도 한 바퀴 돌았습니다.

"자, 여러분 오늘은 ㉡특별한 손님이 ㉢체육 선생님으로 오셨습니다."

많은 사람들이 모여 소란스럽게 떠드는 소리나 모양

선생님의 말씀에 아이들은 모두 웅성웅성 떠들었습니다.

"㉣체육 선생님이 오시다니?

도대체 무슨 얘기지?"

"㉤손님은 누굴까?"

아이들은 모두 무척 궁금해했습니다.

1. 많은 사람들이 모여 소란스럽게 떠드는 소리나 모양을 흉내 내는 말을 찾아 써 보세요.

2. ㉠~㉤ 중 가리키는 사람이 다른 한 사람은 누구인가요?

① ㉠ ② ㉡ ③ ㉢ ④ ㉣ ⑤ ㉤

🌱 생활문을 재미있게 읽고 물음에 답해 보세요.

축구 시합 ❸

선생님께서 멀리 있는 어떤 분을 손짓으로 부르셨습니다. 그러고는 ㉠그분을 우리들 앞에 세우셨습니다. 그때 축구 선수가 꿈인 재호가 소리쳤습니다.

<small>손으로 어떤 뜻을 나타내는 짓</small>

"우아, 김병지 아저씨다."

"하하. 그래, 역시 재호가 제일 먼저 알아보는구나. 여러분, 이분은 우리나라의 유명한 축구 골키퍼인 김병지 선수입니다. 김병지 선수가 오늘 여러분과 함께 축구를 할 겁니다."

"우아!"

아이들은 좋아서 깡충깡충 뛰었습니다.

1. ㉠은 누구를 말하나요?

① 반장   ② 부모님   ③ 교장 선생님

④ 담임 선생님   ⑤ 김병지 선수

2. 재호의 장래 희망은 무엇인가요?

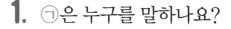

축구 시합

🌱 생활문을 재미있게 읽고 물음에 답해 보세요.

축구 시합 ④

김병지 아저씨는 우리에게 축구공을 차는 방법과 머리로 공을 받는 방법, 공을 잘 넣는 방법 등을 가르쳐 주고 시범도 보여 주었습니다. 아저씨가 아주 멋있었습니다. 김병지 아저씨를 보니 나도 축구 선수가 되고 싶다는 생각이 들었습니다.

아저씨는 우리와 함께 신이 나게 축구 시합도 했습니다. 우리들은 아저씨를 따라 다니느라 정신이 없었습니다. 시합이 끝나고 나니 체육복이 온통 땀으로 젖어 있었습니다. 하지만 힘든 줄도 몰랐습니다.

반 아이들 모두가 오늘은 축구 선수가 되고 싶다는 꿈을 꾸고 있는 것 같았습니다.

1. 아저씨가 가르쳐 준 것에 ○를, 아닌 것에는 ✕를 해 보세요.

(1) 공을 차는 방법 (   )

(2) 공을 잘 넣는 방법 (   )

(3) 머리로 공을 받는 방법 (   )

(4) 상대팀을 잘 넘어뜨리는 방법 (   )

2. 다음 중 느낌이 드러나 있는 문장은 무엇인가요?

① 아저씨가 아주 멋있었습니다.

② 축구 시범을 보여 주었습니다.

③ 아저씨와 축구 시합을 했습니다.

④ 체육복이 땀으로 젖어 있었습니다.

⑤ 우리들은 아저씨를 따라다녔습니다.

3. 밑줄 친 부분과 뜻이 비슷한 말을 찾아 써 보세요.

> 경기가 끝나고 나니 체육복이 땀으로 젖어 있었습니다.

서술형 문제

4. 여러분의 꿈은 무엇이며, 그 꿈을 이루기 위해 어떤 노력을 해야 하는지 써 보세요.

> 나의 꿈은 _____ 입니다.
>
> 나는 꿈을 이루기 위해서는 _____
>
> _____ 합니다.

흉내 내는 말

1. 그림을 보고 소리와 모양을 흉내 내는 말을 넣어 문장을 완성해 보세요.

(1)

하늘이 까맣게 변하더니 갑자기 _____ 천둥 치는 소리가 들렸습니다.

(2)

병아리는 _____,
강아지는 _____
즐겁게 노래합니다.

(3)

귀여운 아기 오리들이 엄마 오리를 따라 _____
걸어갑니다.

 소리나 모양을 흉내 내는 말을 사용해서 문장을 더욱더 재미있게 꾸며 보도록 합니다. 흉내말은 문장을 실감나고 생동감 있게 해 줍니다.

낱말 연상하기

1. 와 같이 주어진 낱말에 대해 떠오르는 말들을 써 보세요.

> **보기**
> 새 학년 – 새 책, 새 담임 선생님, 새 친구들,
> 새 교실, 새 책상, 봄

(1) 하늘 : _____

(2) 봄 : _____

(3) 학용품 : _____

(4) 가족 : _____

(5) 학교 : _____

(6) 텔레비전 : _____

청렴한 선비 황희

🌱 전기문을 읽고 물음에 답해 보세요.

• 글의 종류 : 전기문
• 글감 : 황희의 젊은 시절

청렴한 선비 황희 ❶

　고려 제34대 임금인 공양왕이 나라를 다스린 지 2년째 되던, 어느 여름날이었습니다. 한 젊은 선비가 개경에서 _{고려의 수도. 지금의 개성을 말함.} 가까운 어느 들길을 가고 있었습니다. 한낮이라 햇볕이 무척 따가웠고, 바람마저 불지 않아 몹시 무더운 날씨였습니다. 한동안 땀을 흘리며 길을 걷고 있던 선비는 길가에 있는 정자나무를 발견하고 걸음을 멈추었습니다.

_{집 근처나 길가에 있는 큰 나무로 그 밑에 사람들이 모여 쉼.}

　'대단히 무더운 날씨로군. 여기서 좀 쉬어가야겠다.'

　선비는 나무 그늘 아래 주저앉았습니다.

1. 언제 있었던 이야기인가요?

　　☐☐　제34대 임금인 ☐☐☐ 이 나라를 다스리던 때

🌱 전기문을 읽고 물음에 답해 보세요.

청렴한 선비 황희 ❷

선비가 나무 아래 앉아서 쉬고 있는데 근처 밭에서 늙은 농부가 두 마리의 소로 밭을 갈고 있었습니다.

㉠"후유! 덥다. 빨리 좀 갈고 너희들도 쉬어야지. 이랴!"

농부는 노래하듯이 큰 소리로 소를 부리면서 쟁기질을 하였습니다.

쟁기를 부려 논밭을 가는 일

그늘에 앉아 땀을 식히고 있던 선비는 밭을 가는 농부를 한동안 바라보고 있다가 입을 열었습니다.

"여보시오. 노인장, 더운데 좀 쉬었다가 하시지요. 소들도 퍽 지쳐 보입니다."

"그럼, 그럴까요?"

농부는 곧 소를 세우고 선비가 앉아 쉬는 나무 그늘로 왔습니다.

1. ㉠은 누가 누구에게 한 말인가요?

☐☐ 가 ☐ 에게

청렴한 선비 황희

F14a

🌱 전기문을 읽고 물음에 답해 보세요.

청렴한 선비 황희 ❸

선비는 농부에게 ㉠자리를 비켜 주었습니다.

"자, 여기 앉으시오. 나는 벌써 땀을 다 식혔소이다."

"어이구, 고맙습니다."

농부는 선비가 비켜 준 나무 그늘에 앉아 이마에 흐르는 땀을 손으로 훔쳤습니다.

물기나 때 따위가 묻은 것을 닦아 냈습니다.

"선비님은 어디로 가시는 길이십니까?"

"네, 개경으로 가는 길입니다."

농부는 선비를 유심히 훑어보았습니다.

1. ㉠은 어떤 자리를 말하는지 맞는 것에 ○를 해 보세요.

① 햇볕이 따갑게 내리쬐는 자리 (   )

② 시원한 나무 그늘이 지는 자리 (   )

2. 선비는 어디로 가고 있는 중이었나요?

[|]

🌱 전기문을 읽고 물음에 답해 보세요.

청렴한 선비 황희 ④

"보아하니 관직에 계신 선비 같은데요."

"예, 뭐 관직이랄 게 있습니까? 성균관의 학관 일을 보고 있습니다."

성균관은 당시의 최고 교육 기관이며, 학관은 그곳의 학생을 가르치는 벼슬이었습니다.

두 사람은 한동안 이런저런 이야기를 주고받았습니다.

1. 농부와 이야기를 나누는 선비는 어떤 일을 하는 사람이었나요?

☐☐☐ 의 ☐☐ 일을 보고 있는 사람

2. 내용에 알맞게 연결해 보세요.

(1) 성균관 •   • ① 학생을 가르치는 벼슬

(2) 학관 •   • ② 유교를 가르치는 최고의 교육 기관

청렴한 선비 황희

🌱 전기문을 읽고 물음에 답해 보세요.

청렴한 선비 황희 ❺

그때 밭이랑에 나란히 서 있던 검정소와 누렁소가 몹시
_{밭의 고랑 사이에 흙을 높게 올려서 만든 두둑한 둑}
갑갑하고 더운 듯 머리를 내젓더니 서로 등을 핥아 주었습
니다.

소를 물끄러미 바라보던 선비가 농부에게 물었습니다.

"저놈들 아주 튼튼하게 생겼습니다. 두 마리 소 중 어느
소가 일을 더 잘하나요?"

그러자 농부는 한 손으로 선비의 입을 막듯이 가리면서
소 있는 쪽을 슬금슬금 바라보는 것이었습니다.
_{남이 알아차리지 못하도록 눈치를 보아 가면서 슬며시 하는 모양}

1. 선비가 궁금해한 것은 무엇인가요?

🌱 전기문을 읽고 물음에 답해 보세요.

청렴한 선비 황희 ⑥

그러더니 선비의 팔을 잡아끌고 나무 뒤쪽으로 돌아가 소가 보이지 않는 데에서 가만히 속삭이는 것이었습니다.

"누렁소는 힘도 세고 일도 잘하지요. 그런데 검정소는 꾀만 부린답니다."

"아, 그렇습니까?"

선비는 이렇게 대답은 했지만 농부의 태도가 몹시 우습기도 하고 <u>의 아스럽기도</u> 했습니다.

의심스럽고 이상한 데가 있기도

농부의 이야기가 숨어서 귀엣말로 해야 할 만큼 특별한 것이 아니었기 때문입니다.

1. 내용에 알맞게 이어 보세요.

(1) 누렁소 •   • ① 꾀만 부린다.

(2) 검정소 •   • ② 힘도 세고 일도 잘한다.

청렴한 선비 황희

🌱 전기문을 읽고 물음에 답해 보세요.

청렴한 선비 황희 ⑦

㉠선비는 농부에게 물었습니다.

"그런데 노인장께서 그 말씀을 이렇게 숨어서 귀엣말을 하는 까닭이 무엇인지 궁금합니다."

그러자 농부는 점잖게 입을 열었습니다.

"선비님, 아무리 짐승이라도 자기 흉을 보면 좋아할 리가 있겠어요? 비록 내 집에서 먹이고 부리는 소라지만, 제 흉을 듣게 해서 일부러 불쾌하게 만들 필요는 없지
_{기분이 좋지 않게}
않겠습니까?"

농부의 이야기를 들은 선비는 마음속으로 농부의 지혜로움과 모든 사물에 대한 배려의 마음을 깊이 새기게 되었
_{도와주거나 보살펴 주려고 마음을 씀.}
습니다. 농부의 지혜를 거울삼은 선비는 훗날 관직에 올라 청렴결백한 관리로서의 모범을 보였습니다.
_{마음이 맑고 깨끗하여 욕심이 없음.}

선비는 훗날 조선이 세워지고 세종 대왕이 나라를 다스리던 때에는 영의정의 자리에까지 오르기도 하였습니다. 그가 바로 유명한 황희 정승이었습니다.

1. ㉠은 누구였나요?

□□ .

2. 농부가 선비에게 귀엣말을 한 이유는 무엇이었는지 써 보세요.

_____

3. 선비가 농부의 행동을 보고 느낀 점은 무엇과 무엇인가요?

① 농부의 거만함　　　　② 농사의 중요성

③ 농부의 지혜로움　　　　④ 사물에 대한 배려

⑤ 검소한 농부의 생활

4. 다음 밑줄 친 낱말과 뜻이 비슷한 낱말을 찾아 써 보세요.

> 농부는 선비에게 <u>귓속말</u>을 했습니다.

□□□

핵심 문제

5. 황희 정승의 성품으로 알맞은 것은 무엇인가요?

① 재물에 욕심이 많았습니다.

② 관직에 욕심이 많았습니다.

③ 정치보다는 농사에 관심이 많았습니다.

④ 청렴결백한 관리로서 모범을 보였습니다.

⑤ 임금에게 잘 보이려고 눈치를 살폈습니다.

🌱 설명문을 읽고 물음에 답해 보세요.

• 글의 종류 : 설명문
• 글감 : 감기

감기 ❶

계절이 바뀌는 시기를 환절기라고 합니다. 환절기에는 일교차가 심하고 기온이 갑자기 변하면서 감기에 걸린 어린이들이 부쩍 늘어납니다.

감기는 왜 생기는 것일까요?

감기는 주로 바이러스가 원인이 되어 걸리는 호흡기 계
<u>동물, 식물, 세균 등 살아 있는 세포에 붙어서 살아가는 미생물</u>　　　　　<u>몸에서 숨을 쉬는 일을 맡은 기관</u>
통의 질병입니다. 감기는 어른보다는 병균에 대한 대처 능력이 약한 아이들이 더 걸리기 쉽습니다. 감기는 단순히 몸 상태만 안 좋게 하는 것이 아니라 여러 질병을 함께 일으킬 수 있어 조심해야 합니다.

1. 계절이 바뀌는 시기를 무엇이라고 하나요?

2. 환절기의 특징이 아닌 것에 ◯를 해 보세요.

① 일교차가 심합니다. (   )

② 햇빛이 강해집니다. (   )

③ 기온이 갑자기 변합니다. (   )

④ 감기 환자가 많이 발생합니다. (   )

3. 감기의 원인은 무엇인가요?

4. 감기는 왜 아이들이 많이 걸리나요?

 핵심 문제

5. 감기를 특히 조심해야 하는 이유는 무엇인가요?

 서술형 문제

6. 여러분은 감기에 걸렸을 때 주로 어떤 증상이 생기는지 써 보세요.

감기

🌱 설명문을 읽고 물음에 답해 보세요.

감기 ❷

독감 예방주사를 맞았다고 감기에 대한 예방을 소홀히
하는 어린이가 많은데 독감주사를 맞았다고 해서 감기가
걸리지 않거나 약한 감기만 걸리는 것은 아닙니다. 그러므
로 감기 예방을 게을리해서는 안 됩니다.

감기를 예방하려면 외출 후에는 반드시 손발을 씻는 습
관을 들여야 합니다. 또 호흡을 통해 바이러스가 전염될
수 있으므로 감기가 유행하는 시기에는 사람들이 많이 모
이는 곳에는 가지 않도록 합니다. 실내가 너무 건조해지지
않게 가습기나 젖은 수건, 젖은 빨래를 이용하여 알맞은
습도를 유지해야 합니다.

그리고 평소 잠을 충분히 자
고, 물을 많이 마시도록
합니다. 또한 과일과
채소를 많이 먹어 비
타민 등의 영양소를
섭취하도록 합니다.

1. 이 글의 내용과 다른 것은 어느 것인가요?

① 비타민 등의 영양소를 섭취합니다.

② 실내에서는 알맞은 습도를 유지합니다.

③ 감기를 예방하려면 충분히 자야 합니다.

④ 외출 후에는 반드시 손발을 깨끗이 닦습니다.

⑤ 독감 예방주사를 맞으면 감기에 걸리지 않습니다.

2. 사람들이 많은 곳에 가면 왜 감기에 걸리기 쉬운지 써 보세요.

 을 통해 　　　　 가 전염될 수 있으므로

3. 건조한 실내의 습도를 알맞게 유지하려면 어떻게 해야 하나요?

4. 비타민이 많이 들어 있는 음식은 무엇과 무엇인가요?

　　　 과 　　

5. 이 글과 같이 어떠한 사실에 대해 알기 쉽게 풀어 써 놓은 글을 무엇이라고 하나요?

감기

🌱 설명문을 읽고 물음에 답해 보세요.

감기 ❸

감기를 치료하기 위해서는 우선 충분한 휴식을 취합니다. 열이 날 때는 옷을 벗고 미지근한 수건으로 온몸을 가볍게 닦습니다. 열이 난다고 자꾸 옷을 벗거나 옷을 입고 더운 채로 그냥 있으면 땀이 식어 오히려 감기가 심해지는 원인이 됩니다.

더운 기운이 조금 있는

기침을 많이 하는 어린이는 물을 많이 마시고 몸을 따뜻하게 하는 차를 많이 마십니다. 그리고 코감기는 그냥 두면 알레르기성 비염이나 중이염이 될 수도 있으므로 코를 풀 때는 코를 한쪽씩 번갈아서 풉니다.

콧속 점막에 생기는 염증을 일컫는 말

평소 위생에 힘쓰고 충분한 휴식과 영양을 섭취하여 감기에 걸리지 않도록 합시다.

건강에 유익하도록 조건을 갖추거나 대책을 세우는 일

충분한 휴식으로
감기를 예방해요.

1. 감기를 치료하기 위해서는 무엇이 우선인가요?

충분한 [　|　]

2. 열이 날 때는 어떻게 해야 하나요?

옷을 벗고 [　|　|　]   수건으로 [　|　] 을 가볍게

[　|　|　] .

3. 다음 중 기침을 많이 하는 어린이가 마시면 좋은 것을 골라 번호를 써 보세요.

| ① 물 | ② 콜라 | ③ 생강차 |
| ④ 유자차 | ⑤ 커피 | ⑥ 아이스크림 |

(　　　　　　　　　　)

4. 코감기를 치료하지 않고 그냥 두면 어떻게 되나요?

_____

5. 중이염을 방지하기 위해서는 어떻게 해야 하나요?

_____

창의력 문제

6. 여러분이 알고 있는 감기 치료법이 있으면 써 보세요.

짧은소리와 긴소리

F20a

1. 밑줄 친 낱말 중 길게 소리내야 하는 것에 ○를 해 보세요.

(1)

① 민희가 발을 씻습니다. ( )

② 민희가 햇볕을 피하려고 발을 칩니다. ( )

(2)

① 눈에 먼지가 들어갔습니다. ( )

② 하늘에서 하얀 눈이 펑펑 내립니다. ( )

우리말에는 글자의 모양이 똑같지만 소리의 길이에 따라 뜻이 구별되는 낱말들이 많습니다. 문장의 앞뒤 내용을 잘 살펴보거나, 말소리의 길이에 따라 뜻을 구별할 수 있어야 합니다.

상상하여 쓰기

공부한 날　월　일　　**F20b**

1. 여러분이 산타 할아버지라면 어떤 아이에게 어떤 선물을 주고 싶은 지 써 보세요. 그리고 그 이유도 함께 써 보세요.

2. 여러분이 만약 요리사라면 어떤 음식을 만들어 누구에게 주겠는지 써 보세요.

 다섯 고개 놀이

엄마와 함께 '다섯 고개 놀이'를 해 보세요.

 나는 무엇일까요?

동물인가요?

아니요.

식물인가요?

네.

열매가
열리나요?

아니요.

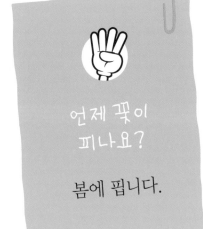

언제 꽃이
피나요?

봄에 핍니다.

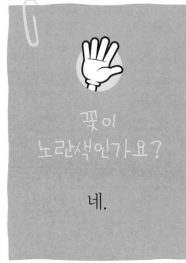

꽃이
노란색인가요?

네.

정답은

입니다.

기탄국어

F단계 1집 2주차
21a~40b

학습 내용

1일 (21a~24b)	2일 (25a~28b)	3일 (29a~32b)	4일 (33a~36b)	5일 (37a~40b)
• 설명하는 말 듣고 추측하기 • 엄마(동시) • 신선들의 회의 Ⅰ(창작동화)	• 신선들의 회의 Ⅱ(창작동화) • 한힌샘 주시경 Ⅰ(전기문)	• 한힌샘 주시경 Ⅱ(전기문)	• 즐거운 여행(생활문)	• 다자구 할머니(전래동화)

학습 관리표

	1일	2일	3일	4일	5일	이번 주는?
금주평가	Ⓐ 아주 잘함	Ⓐ 아주 잘함	Ⓐ 아주 잘함	Ⓐ 아주 잘함	Ⓐ 아주 잘함	● 학습 방법 ❶ 매일매일 ❷ 가끔 ❸ 한꺼번에 하였습니다.
	Ⓑ 잘함	Ⓑ 잘함	Ⓑ 잘함	Ⓑ 잘함	Ⓑ 잘함	● 학습 태도 ❶ 스스로 잘 ❷ 시켜서 억지로 하였습니다.
	Ⓒ 보통	Ⓒ 보통	Ⓒ 보통	Ⓒ 보통	Ⓒ 보통	● 학습 흥미 ❶ 재미있게 ❷ 싫증내며 하였습니다.
	Ⓓ 부족함	Ⓓ 부족함	Ⓓ 부족함	Ⓓ 부족함	Ⓓ 부족함	● 교재 내용 ❶ 적합하다고 ❷ 어렵다고 ❸ 쉽다고 하였습니다.

지도 교사가 부모님께	부모님이 지도 교사께

종합 평가	Ⓐ 아주 잘함	Ⓑ 잘함	Ⓒ 보통	Ⓓ 노력해야 함

원 교   반   이름

설명하는 말 듣고 추측하기

F21a

🌱 서연이가 사물에 대해 설명하고 그것을 들은 다른 친구들이 그것이 무엇인지 추측해 보고 있어요. 무엇에 대한 설명인지 추측해 보세요.

1. 서연이가 설명하는 것은 무엇일까요?

2. '제비' 에 대해 알 수 있도록 서연이와 같이 설명해 보세요.

🌱 즐거운 마음으로 동시를 읽고 물음에 답해 보세요.

- 글의 종류 : 동시　　• 시의 짜임 : 4연 7행
- 글쓴이 : 권오삼　　• 글감 : 엄마

엄마

날마다 옆에 계시면
그리운 줄 몰라

그러나 어디 가시어
하루만 안 계셔도

그만
보고파

엄마─

1. 날마다 옆에 계셔서 그리운 줄 모르는 사람은 누구라고 했나요?

 서술형 문제

2. 엄마께 고마운 마음을 가졌던 때는 언제였는지 써 보세요.

_____

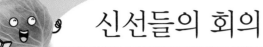
신선들의 회의

🌱 동화를 재미있게 읽고 물음에 답해 보세요.

• 글의 종류 : 창작 동화
• 글감 : 선량한 사람으로 만드는 방법

신선들의 회의 ❶

아득히 먼 옛날에 신선들이 하늘에 모여서 회의를 하였
습니다. 한 신선이 걱정스런 얼굴로 말을 꺼냈습니다.

"저는 날마다 구름을 타고 다니면서 지구에 사는 인간들
의 생활 형편을 살펴보았습니다. ㉠대다수의 사람들은
<u>사람들이 살아가는 모습</u>
열심히 일을 하지만 어떤 사람들은 나쁜 짓을 합니다.
그들은 남을 속이기도 하고 물건을 훔치기도 합니다. 우
리가 방법을 찾아내어
그런 나쁜 사람들을
<u>선량한</u> 사람으로 만
<u>마음씨 착한</u>
들어야 합니다."

1. 이 이야기에는 누가 등장하나요?

① 신선   ② 귀신   ③ 나무꾼

④ 도깨비   ⑤ 호랑이

2. ㉠은 무엇에 대한 말인지 찾아 써 보세요.

인간들의 ☐☐ ☐☐

🌱 동화를 재미있게 읽고 물음에 답해 보세요.

신선들의 회의 ②

그러자 옆에 있던 ㉠다른 신선이 나섰습니다.

"방법이야 있지요. 지구에 있는 모든 나무와 풀들에게 아름다운 꽃을 피우게 하고, 새들에게는 듣기 좋은 노래를 부르게 합시다. 나쁜 사람들도 이런 것을 보고 들으면 마음이 착하게 변할 것입니다."

"아주 좋은 방법입니다. 그럼 그렇게 합시다."

1. ㉠이 말한 방법은 무엇인가요?

모든 나무와 풀들에게 아름다운 ☐을 피우게 하고 새들에게

듣기 좋은 ☐를 부르게 하자는 것

신선들의 회의

🌱 동화를 재미있게 읽고 물음에 답해 보세요.

신선들의 회의 ❸

㉠신선들은 길가의 풀과 산 위의 나무들에게 아름다운 꽃을 피우도록 명령했습니다. 그리고 새들에게는 몸에 고운 물감으로 색칠을 하고 듣기 좋은 노래를 부르게 했습니다.

아름다운 꽃과 듣기 좋은 새의 노래를 듣고 어떤 나쁜 사람의 마음은 선량하게 변했습니다.

1. ㉠과 같이 한 까닭은 무엇인가요?

① 심심해서

② 나무와 새들이 기도를 해서

③ 아이들을 즐겁게 하기 위해서

④ 자연을 이름답게 가꾸기 위해서

⑤ 사람들의 마음을 착하게 바꾸기 위해서

🌱 동화를 재미있게 읽고 물음에 답해 보세요.

신선들의 회의 ④

그러나 이런 방법이 전혀 통하지 않는 사람도 있었습니다.

신선들은 깊은 상심에 빠졌습니다. 궁리를 하다 다시 또 한 가지 방법을 생각해 냈습니다. 하늘에 일곱 가지 색 무지개가 걸리게 하고 도시와 농촌 할 것 없이 새하얀 눈으로 덮어서 더러운 곳을 묻어 버리고 깨끗하게 단장시켰습니다.

슬픔이나 걱정 따위로 속을 썩임.
모양을 내어 꾸밈.

이렇게 하였더니 또 나쁜 사람들이 조금 더 줄어들었습니다. 그러나 어떤 사람은 여전히 나쁜 짓만 했습니다.

1. 신선들은 무엇으로 더러운 곳을 묻어 버렸나요?

새하얀 ☐

신선들의 회의

🌱 동화를 재미있게 읽고 물음에 답해 보세요.

신선들의 회의 ❺

이렇게 해서 신선들은 다시 모여서 ㉠의논을 하게 되었습니다.

그 결과 벌레의 꼬리에 등불을 달아 아름다운 빛을 내게 하기로 결정하였습니다.

그러자 ㉡한 신선이 막고 나섰습니다.

"안 됩니다. 등불을 단 벌레가 이리저리 날아다니다가 화재를 일으키면 많은 것을 태우게 됩니다."

불이 남.

"괜찮아요. 화재를 일으키지 않을 불을 달면 됩니다."

㉢다른 신선이 말했습니다.

1. ㉠과 뜻이 비슷한 말은 무엇인가요?

　① 협동　　　② 상의　　　③ 결투
　④ 노력　　　⑤ 명령

2. 신선들은 마지막으로 어떤 방법을 선택했나요?

☐☐ 의 꼬리에 ☐☐ 을 달아 아름다운 빛을 내게 하기로

3. ㉡은 신선들의 마지막 방법이 왜 안 된다고 했나요?
① 벌레가 아플까 봐   ② 화재를 일으킬까 봐
③ 사람들이 싫어할까 봐   ④ 빛을 내지 못할까 봐
⑤ 꼬리에 등불을 달기가 어려울까 봐

4. ㉢이 생각해 낸 방법은 무엇인가요?

☐☐ 를 일으키지 않을 불을 달면 된다고

5. 문장의 밑줄 친 낱말을 쉽게 푼 말을 찾아 써 보세요.

> 앞산에 화재가 발생했습니다.

☐

신선들의 회의

🌱 동화를 재미있게 읽고 물음에 답해 보세요.

신선들의 회의 ⑥

그래서 신선들은 반딧불이를 만들었습니다. 반딧불이가 달고 다니는 불은 화재도 일으키지 않으며 뜨겁지 않아 만져도 데일 ㉠염려가 없었습니다.

저녁이 되어 반딧불이에서 나오는 빛은 아름다운 보석과 같이 반짝거렸습니다.

신선들은 사람들이 선량한 마음을 갖도록 하기 위해 이렇게 많은 노력을 했다고 합니다.

1. 신선들은 무엇을 만들었나요?

2. 반딧불이에 대한 설명으로 맞으면 ○를, 틀리면 ✕를 해 보세요.

(1) 뜨겁지 않습니다. (   )

(2) 화재를 일으키지 않습니다. (   )

(3) 만지면 손을 데여 상처를 입기도 합니다. (   )

3. 반딧불이에서 나오는 빛은 어떠하다고 했나요?

아름다운 [|] 같이 [|] 거린다고

핵심 문제

4. 신선들은 왜 반딧불이를 만들었나요?

사람들이 [| |] [|] 을 갖게 하기 위해서

5. ㉠과 뜻이 비슷한 낱말은 무엇인가요?

① 염불   ② 걱정   ③ 미움

④ 기쁨   ⑤ 경우

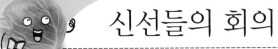
신선들의 회의

F26a

🌱 〈신선들의 회의〉의 내용을 생각하며 물음에 답해 보세요.

1. 신선들이 사람들이 선량해지기를 바라며 만든 것들은 무엇무엇인지 찾아 써 보세요.

_____

2. 그림을 보고 이야기의 순서에 맞게 번호를 써 보세요.

①

②

③

④

(   ) → (   ) → (   ) → (   )

3. 〈신선들의 회의〉의 내용을 생각하며 줄거리를 완성해 보세요.

옛날에 신선들이 하늘에 모여서 지구에 사는 인간들을 ☐☐ 사람으로 만들기 위해 회의를 했습니다. 신선들은 첫 번째로 길가의 ☐과 산 위의 ☐☐에게 아름다운 ☐을 피우도록 명령했습니다. 그리고 새들에게는 몸에 고운 ☐☐으로 색칠하고 듣기 좋은 ☐☐를 부르게 하였습니다.

그렇지만 사람들 중에는 아직도 ☐☐ 사람들이 많았습니다. 그래서 두 번째로 하늘에 일곱 가지 색 ☐☐가 걸리게 하고 도시와 농촌 할 것 없이 새하얀 눈으로 덮어서 깨끗하게 단장시켰습니다. 이렇게 해서 나쁜 사람들이 조금 더 줄어들었습니다.

신선들은 마지막으로 ☐☐의 꼬리에 ☐☐을 달아 아름다운 빛을 내는 ☐☐☐를 만들었습니다. 이렇게 신선들은 사람들이 선량한 마음을 갖게 하기 위해 많은 노력을 했습니다.

한힌샘 주시경

🌱 전기문을 읽고 물음에 답해 보세요.

• 글의 종류 : 전기문
• 글감 : 주시경

한힌샘 주시경 ❶

"이제부터 나를 주시경 대신 한힌샘으로 불러 주시오."

"한힌샘! 멋진 이름입니다. 선생님."

한힌샘은 한글 학자 주시경 선생님의 호입니다. '한'은
_{한글을 연구하는 사람}   _{자신의 이름 외에 쓰는 이름}
순우리말로 '크다'라는 뜻이고, '히다'는 '희다'로 '밝고
선명하다'는 뜻입니다. 따라서 '한힌샘'은 '크고 맑은 샘'
이라는 뜻입니다. 주시경 선생님은 호를 이름 대신 사용하
였는데, 이를 통해 한글에 대한 주시경 선생님의 남다른
_{보통의 사람과 다른}
사랑을 느낄 수가 있습니다. 또 순우리말로 호를 짓고 부
르게 하여 사람들에게 우리말과 우리글의 소중함을 일깨워
_{알려주거나 가르쳐서 깨닫게 해}
주려고 하였습니다.

1. 주시경 선생님의 호를 찾아 써 보세요.

2. '한힌샘' 은 무슨 뜻인가요?

3. 밑줄 친 낱말이 잘못 쓰인 것은 무엇인가요?

① 너 대신 내가 먹을게.

② 퇴계는 이황의 호이다.

③ 그 사람은 남다른 재주를 가지고 있다.

④ 나는 우리 학교에 큰 사랑을 가지고 있다.

⑤ 알람 시계가 아침 7시에 나를 일깨워 주었다.

4. 이 글의 종류는 전기문입니다. 전기문에 대한 설명으로 알맞지 않은 것은 무엇인가요?

① 재미있게 꾸며 쓴 글입니다.

② 사실에 바탕을 두고 쓴 글입니다.

③ 실제로 있었던 일을 쓴 글입니다.

④ 훌륭한 일을 한 사람에 대한 이야기입니다.

⑤ 인물의 어린 시절부터 죽을 때까지 일생을 쓴 글입니다.

서술형 문제

5. 주시경 선생님이 순우리말로 호를 지어 이름 대신 사용한 까닭은 무엇인지 써 보세요.

한힌샘 주시경

🌱 전기문을 읽고 물음에 답해 보세요.

한힌샘 주시경 ②

주시경은 1876년 황해도 봉산에서 태어났습니다. 아버지가 서당 훈장님이어서 주시경은 다섯 살 때부터 서당에서 한문을 배웠습니다.

주시경은 열두 살 때 한양에 있는 큰아버지 댁에 양자로 들어가서도 한문 공부를 계속해야 했습니다. 세종 대왕 때 우리글인 한글이 만들어졌지만, 주시경이 살던 때는 아직도 한문 공부를 해야 했기 때문입니다.

친아들이 아니지만 데려와 키우는 아들

한문을 배우던 어느 날의 일입니다.

"자왈, '삼인행'이면 '필유아사'라."

"자왈, ㉠'삼인행'이면 '필유아사'라."

아이들이 뜻도 모르고 훈장님을 따라 읽었습니다.

"자, 이것이 무슨 뜻인지 아느냐?"

훈장님의 말에 아이들은 아무도 대답을 하지 못했습니다.

"세 사람이 함께 길을 가면 그중에는 반드시 나의 스승이 있다는 뜻이니라."

1. 오늘날의 학교에 해당하는 것을 찾아 써 보세요.

2. 주시경이 어려서부터 한문을 배운 까닭은 무엇인가요?

① 한문이 쉽고 재미있었기 때문에

② 당시에는 한글이 없었기 때문에

③ 주시경이 한문을 좋아했기 때문에

④ 당시에는 한문을 배워야 했기 때문에

⑤ 주시경의 큰아버지가 서당의 훈장님이었기 때문에

3. 이 글의 내용에 맞으면 ○를, 틀리면 ✕를 해 보세요.

(1) 주시경은 부모님이 안 계셨습니다. (   )

(2) 주시경은 황해도에서 태어났습니다. (   )

(3) 주시경은 어릴 때부터 한글을 배웠습니다. (   )

(4) 주시경은 큰아버지 댁에 양자로 들어갔습니다. (   )

4. ㉠의 뜻이 무엇이라고 하였나요?

_____

창의력 문제

5. 여러분이 만약 학교에서 한글 대신 한자를 써야 한다면 어떨지 상상하여 써 보세요.

_____

한힌샘 주시경

🌱 전기문을 읽고 물음에 답해 보세요.

한힌샘 주시경 ③

'우리글로 써 있으면 금새 알 수 있는데, 한자로 써 있으니 다시 한 번 풀이를 해야 하는구나! 우리는 왜 쉬운 한글을 쓰지 않고 중국의 글인 한자를 쓰고 배워야 하는 거지?'

주시경은 고개를 갸웃거렸습니다. 소리가 나는 대로 읽고 쓰면 되는 한글 대신, 우리말과 순서도 다를 뿐만 아니라 읽고 쓰기도 어려운 한자를 써야 하는 것을 어린 주시경은 이해할 수 없었습니다.

이런 의문이 계속 되던 어느 날, 주시경은 배재학당 교사를 만나게 되었습니다. 배재학당은 1885년 미국인 선교사인 아펜젤러가 세운 신식 학교였습니다.
<small>다른 나라에 가서 종교를 알리는 사람</small>
<small>옛날 것이 아닌 새로운 것</small>

배재학당 교사를 만나 신학문에 눈을 뜨게 된 주시경은 바로 배재학당에 입학하여 새로운 학문을 배우기 시작하였습니다. 이때 주시경의 나이 열아홉 살이었습니다.

1. 한자는 어느 나라의 글인가요?

2. 주시경은 한글이 한자보다 쉽다고 생각한 까닭은 무엇인가요?

_____

3. 주시경이 서당을 그만두고 다니게 된 학교 이름을 써 보세요.

4. 배재학당을 세운 사람은 누구인가요?

5. 다음 문장에서 맞춤법에 맞지 않은 것을 바르게 고쳐 써 보세요.

> 신학문에 눈을 띠게 된 주시경은 배재학당에 입학하였습니다.

→

_____

6. 이 글의 내용으로 알맞지 않은 것에 ○를 해 보세요.

① 주시경은 한자보다 한글이 쉽다고 생각했습니다. 　　（　　　）

② 주시경은 배재학당에서도 한문을 계속 공부했습니다. （　　　）

③ 주시경은 한문을 공부하는 것에 대해 이상하게 생각했습니다.

（　　　）

한힌샘 주시경

🌱 전기문을 읽고 물음에 답해 보세요.

한힌샘 주시경 ④

주시경은 배재학당에서 한문학 대신 역사, 지리, 영어, 수학, 과학 등 새로운 학문을 배우면서 틈틈이 혼자서 우리글에 대한 연구를 계속하였습니다. 주시경은 우리글은 연구하면 연구할수록 과학적이고 체계적이라는 생각을 하게 되었습니다.

일정한 원리에 따라서 통일감 있게 잘 짜여진 것

그러던 어느 날 서재필 박사가 주시경을 찾았습니다. 서재필은 당시 젊은이들이 존경하던 선각자였습니다. 서재필은 우리글로 된 〈독립신문〉을 만들려고 준비하고 있던 중, 주시경이 혼자서 우리말을 연구한다는 것을 알고 주시경을 찾은 것입니다.

남들보다 먼저 깨달은 사람

"나는 우리글로 된 신문을 만들어 우리 국민에게 널리 읽혀졌으면 하네. 그러려면 우리말을 잘 아는 사람이 필요한데, 바로 자네가 신문의 교정을 맡아 주었으면 하네."

1. 주시경이 배재학당에서 신학문을 배우면서 혼자서 틈틈이 연구한 것은 무엇인가요?

2. 한글은 연구하면 연구할수록 어떠하다고 생각하였나요?

| | | | 이고 | | | | 이라고

3. 빈칸에 들어갈 알맞은 낱말을 글에서 찾아 써 보세요.

젊다 + 사람 → 젊은 사람 → | | | |

4. 이 글의 내용에 맞으면 ○를, 틀리면 ✕를 해 보세요.

(1) 배재학당에서 새로운 학문을 배웠습니다.   (   )

(2) 서재필 박사는 〈독립신문〉을 만들려고 준비하고 있었습니다.

(   )

(3) 주시경은 서재필 박사에게 우리글로 된 〈독립신문〉을 만들어 달라고 부탁했습니다.   (   )

5. '남들보다 먼저 세상일이나 이치를 깨달은 사람' 을 뜻하는 낱말을 찾아 써 보세요.

| | | |

6. 서재필 박사가 〈독립신문〉을 만들기 위해 주시경을 찾은 까닭은 무엇인가요?

한힌샘 주시경

전기문을 읽고 물음에 답해 보세요.

한힌샘 주시경 ❺

주시경은 학교 공부가 끝나는 대로 신문사로 달려가 신문 교정을 보았습니다.

드디어 1896년 4월 7일, 〈독립신문〉 창간호가 나왔
신문이나 잡지의 첫 번째 호
습니다. 〈독립신문〉은 우

리글로 된 최초의 신문이었습니다. 또한 창간사에서 밝힌 것처럼 정부가 하는 일을 백성에게 전하고, 탐관오리를 고
나라의 일을 하는 기관
발하여 일반 백성들의 눈과 귀가 되어 주었습니다.

주시경은 순 한글 신문인 〈독립신문〉을 만들면서 한글 맞춤법이 제각각이라 불편하다는 것을 느꼈습니다. 그래서 신문사의 사람들을 모아 '국문동식회'라는 단체를 만들어 한글 표기법 연구에 열중하게 되었습니다.
말을 글로 쓸 때의 규칙

그러나 정부를 비판하는 〈독립신문〉을 정부가 가만 둘 리가 없었습니다. 서재필을 비롯한 많은 애국지사들이 감
나라를 사랑하고 나라를 위해 애쓰는 사람
옥에 갇혔고, 국문동식회 사람들도 뿔뿔이 흩어지게 되었습니다.

1. 우리나라 최초의 한글 신문은 무엇인가요?

2. 〈독립신문〉에 대한 설명으로 알맞지 않은 것은 무엇인가요?

① 우리나라 최초의 신문입니다.　② 한글로 되어 있습니다.

③ 1896년 발간되었습니다.　　　④ 서재필이 만들었습니다.

⑤ 탐관오리를 고발하였습니다.

3. 정부가 〈독립신문〉을 싫어한 까닭은 무엇일까요?

① 맞춤법이 엉망이기 때문에

② 한글로 된 신문이기 때문에

③ 사람들이 신문을 안 읽기 때문에

④ 쉽게 구해서 읽을 수 없기 때문에

⑤ 정부와 정부 관리들을 비판하기 때문에

4. 주시경은 국문동식회를 만들어 어떤 일을 하였나요?

연구

서술형 문제

5. 〈독립신문〉은 최초의 한글 신문입니다. 한글 신문이 나와서 좋은 점은 무엇일까요?

한힌샘 주시경

🌱 전기문을 읽고 물음에 답해 보세요.

한힌샘 주시경 ❻

독립신문사에서 나온 주시경은 사람들에게 직접 우리글을 가르치기 시작했습니다.

그러던 중 1910년 일본은 우리나라를 완전히 빼앗았습니다.

주시경은 우리나라를 다시 찾기 위해 교육이 필요하다고 생각하였습니다. 그래서 보따리에 책을 싸들고 무려 15여 개의 학교를 돌아다니며 학생들을 가르쳤습니다. 이때 얻게 된 별명이 '주보따리' 였습니다.

평일에는 학교에서 학생들을 가르치고 일요일에는 조선어 강습원에서 국어 교사를 <u>양성</u>하였습니다.
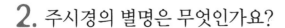
가르쳐서 능력 있는 사람으로 길러 냄.

1. 주시경은 우리나라를 되찾기 위해 무엇이 필요하다고 생각했나요?

2. 주시경의 별명은 무엇인가요?

🌱 전기문을 읽고 물음에 답해 보세요.

한힌샘 주시경 ❼

　시간이 지날수록 일본은 우리 민족을 더욱더 탄압하였
습니다. 이 때문에 주시경은 우리나라에서 우리글을 가르
치거나 연구하기가 어렵게 되었습니다. 그래서 중국으로
망명하기로 결심하였습니다. 하지만 망명을 준비하던 중
갑자기 병을 얻어 1914년 서른아홉의 나이에 세상을 떠났
습니다.

　비록 서른아홉의 짧은 삶을 살았지만 《국어문법》, 《대한
국어문법》, 《말의 소리》 등의 책을 통해 우리 말과 글을 체
계화하였고, 최현배, 김두봉 등의 훌륭한 국어학자들을 가
르쳐서 우리말과 우리글 발전에 큰 역할을 하였습니다.

무력 등으로 눌러 꼼짝 못하게 함

정치적인 이유로 자기 나라를 떠나 다른 나라로 가는 것

1. 주시경이 펴낸 책에는 무엇과 무엇이 있나요?

_____

2. 주시경이 한 일에 ○를 해 보세요.

　① 우리 말과 글을 체계화하였습니다. (　　　)

　② 일본의 탄압으로 우리글을 가르치기 힘들어지자 미국으로 망명
　　했습니다. (　　　)

즐거운 여행

F33a

🌱 생활문을 재미있게 읽고 물음에 답해 보세요.

• 글의 종류 : 생활문
• 글감 : 가족 여행

즐거운 여행 ❶

우리 가족과 민경이네 가족은 처음으로 같이 여행을 떠나기로 했다. 그래서 나와 동생은 들뜬 마음으로 늦게까지 잠을 이루지 못했다.
마음이나 분위기가 가라앉지 않고 흥분된

아침 일찍 일어나 보니 엄마와 아빠는 아직도 주무시고 계셨고, 동생도 자고 있었다.

나는 혹시나 빠뜨린 것은 없는지 어제 챙겨 놓은 가방을 또 한 번 열어 보았다. 여행이 몹시 기대되었다.

아침 7시에 우리는 옆집 민경이네 가족과 함께 가평으로 ㉠출발했다.

1. '나' 의 가족과 민경이네 가족은 무엇을 하기로 했나요?

☐☐ 을 떠나기로 했습니다.

2. 다음 중 맞춤법에 맞는 낱말에 ○를 해 보세요.

(1) 민경이와 (같이, 가치) 갔습니다.

(2) 나는 가방을 (쳉겼습니다, 챙겼습니다).

3. '나' 와 동생이 늦게까지 잠을 이루지 못한 까닭은 무엇인가요?

_____

4. '나' 의 가족은 언제, 어디로, 누구와 함께 여행을 떠났나요?

(1) 언제 : _____

(2) 어디로 : _____

(3) 누구와 함께 : _____

5. ㉠과 맞서는 말은 무엇인가요?

① 출동   ② 시작   ③ 출석

④ 도착   ⑤ 지각

즐거운 여행

🌱 생활문을 재미있게 읽고 물음에 답해 보세요.

즐거운 여행 ②

가평에 도착해서 텐트를 쳤다. 그곳에는 텐트가 굉장히 많았다. 텐트를 치고 난 다음 밥을 먹었다. 그리고 수영복을 갈아입고서 물이 있는 곳으로 첨벙 뛰어들었다.

"이야, 민경이는 꽃무늬 수영복이다."

"그래, 이번에 샀어. 예쁘지?"

우리는 즐겁게 물놀이를 했다. 참 재미있었다.

그런데 한 가지 나쁜 점은 목욕을 할 때 물이 너무 차가워서 추웠다는 점이다. 아빠께서 물이 지하수라 수돗물보다 차가운 거라고 말씀하셨다.
땅 밑에서 끌어올리는 물

1. 민경이는 어떤 모양의 수영복을 입었나요?

☐☐☐ 수영복

2. 다음 중 본 것에 해당하는 문장에 ○를 해 보세요.

① 그곳에는 텐트가 굉장히 많았다. (   )

② 우리는 즐겁게 물놀이를 했다. (   )

③ 물이 너무 차가워서 추웠다. (   )

3. 한 일의 순서대로 번호를 써 보세요.

> ① 텐트를 쳤다.
>
> ② 밥을 먹었다.
>
> ③ 물속으로 뛰어들었다.
>
> ④ 수영복으로 갈아입었다.

(   ) → (   ) → (   ) → (   )

4. '나'는 물놀이를 하고 난 후 나쁜 점이라고 생각한 한 가지는 무엇이었나요?

_____

5. 땅 밑에서 끌어올리는 물을 무엇이라고 하나요?

즐거운 여행

🌱 생활문을 재미있게 읽고 물음에 답해 보세요.

즐거운 여행 ❸

밤에는 아빠하고 민경이네 아빠께서 함께 밤낚시를 하셨다. 나는 고기가 잡히기를 기다리다 그만 깜박 졸았는데 일어나 보니 아침이었다.

"어? 벌써 아침이네. 엄마 왜 안 깨웠어요?"

"깨워도 안 일어난 게 누군데?"

나는 엄마께 화를 낸 게 너무 부끄러웠다. 무엇보다 물고기가 낚시 바늘에 걸린 걸 못 봐서 너무 아쉬웠다.

1. 아빠하고 민경이네 아빠께서는 무엇을 하셨나요?

2. '나' 는 고기가 잡히기를 기다리다가 어떻게 되었나요?

_____

3. '나' 는 무엇이 부끄러웠나요?

| | | 께 | | 를 낸 것

4. '나' 가 아쉬워한 것은 무엇인가요?

| | | | 가 | | | | 에 걸린 것을 보지 못한 것

5. 다음 문장을 보고 낱말의 긴소리와 짧은소리를 구분해 보세요.

(1) 할머니께서 맛있는 밤을
   구워 주셨다.

(2) 밤에는 아름다운 별을 볼
   수 있다.

① 긴소리   ② 짧은소리

① 긴소리   ② 짧은소리

즐거운 여행

🌱 생활문을 재미있게 읽고 물음에 답해 보세요.

즐거운 여행 ④

민경이와 민희 누나는 다슬기라는 것을 잡는다고 했다.

"민희 누나, 다슬기가 뭐야?"

"응, 소라하고 비슷하게 생겼지만 크기는 더 작고 삶아 먹으면 맛있어."

나도 다슬기를 잡고 싶었다. 어떻게 생긴 것인지도 무척 궁금했다. 민희 누나는 돌의 밑이나 위를 쓰다듬어 보면 이상한 것이 잡히는데 그것이 다슬기라고 했다.

누나와 민경이가 잡은 걸 보니 정말 작았다.

나는 잡아 보려고 돌 밑을 살펴보다가 그만 미끄러져 넘어지고 말았다. 물에 젖은 내 모습이 너무 부끄러웠다. 하지만 다슬기를 몇 개 잡을 수 있어서 즐거웠다.

잊지 못할 여행이었다.

1. 아이들은 무엇을 잡았나요?

2. 민희 누나는 다슬기를 소라와 비교하여 어떻게 말했나요?

다슬기는 소라와 [ ][ ] 하게 생겼지만 크기는 더 [ ][ ] 고

3. 다슬기를 어떻게 해서 먹으면 맛있다고 했나요?
① 볶아서   ② 구워서   ③ 튀겨서
④ 삶아서   ⑤ 날 것으로

4. 다슬기를 잡으려면 어떻게 해야 한다고 했나요?

돌의 밑이나 위를 [ ][ ][ ][ ] 본다.

5. 나는 다슬기를 잡으려다 어떻게 되었나요?

그만 [ ][ ][ ][ ] [ ][ ][ ][ ] 말았다.

6. 다음 중 알맞은 것끼리 이어 보세요.
(1) 미끄러져 넘어졌다.   •
(2) 잊지 못할 여행이 었다.   •   • ① 생각이나 느낌
(3) 잡아 보려고 돌 밑을 살펴보았다. •
(4) 물에 젖은 내 모습이 부끄러웠다. •   • ② 한 일

다자구 할머니

F37a

🌱 동화를 재미있게 읽고 물음에 답해 보세요.

• 글의 종류 : 전래 동화
• 글감 : 다자구 할머니와 산적들

다자구 할머니 ❶

옛날 옛날 소백산 근처에서 있었던 일입니다. 벌써 여러 해 동안 흉년이 들어 나라 곳곳에 도둑이 넘쳐 났습니다. 특히 소백산의 죽령이라는 고개에는 무서운 산적들이 살고 있었습니다. '죽령'은 '대나무가 많은 고개'라는 뜻입니다. 산적들은 숲 속에 숨어 있다가 갑자기 나타나는데, 무서운 것을 사람들의 물건을 닥치는 ㉠대로 빼앗고, 심지어 사람을 해치기까지 했습니다.

"세상에서 제일 무서운 게 뭐게?"

"그거야 말할 것도 없이 죽령 산적이지."

사람들은 죽령 산적 이야기만 나오면 벌벌 떨었습니다.

죽령 산적 때문에 임금님도 화가 났습니다. 죽령 산적들이 임금님의 진상품까지 훔쳐 갔기 때문입니다.
임금님에게 바치는 좋은 물건

임금님은 원님에게 당장 산적들을 잡아 오라고 명령을
옛날에 고을(마을)을 담당하던 관리
내렸습니다.

---

1. 어디에서 있었던 일인가요?

| | | | 근처
|---|---|---|

2. 나라 곳곳에 도둑이 넘쳐나게 된 까닭은 무엇인가요?

여러 해 동안 ☐☐ 이 들어서

3. 산적들의 이름은 무엇인가요?

☐☐ 산적

핵심 문제

4. 사람들이 죽령 산적을 무서워하는 까닭은 무엇인가요?

① 죽령에 살고 있어서
② 임금님이 잡으라고 해서
③ 임금님의 진상품을 도둑질해서
④ 숲 속에 숨어 있다가 갑자기 나타나서
⑤ 물건을 닥치는 대로 가져가고 사람까지 해쳐서

5. 밑줄 친 낱말이 ㉠과 쓰임이 다른 것에 ○를 해 보세요.

① 가지고 있는 <u>대로</u> 다 주세요. (   )
② 달라는 <u>대로</u> 다 주도록 하세요. (   )
③ 큰 것은 큰 것<u>대로</u> 모아 두어라. (   )
④ 채린이는 틈나는 <u>대로</u> 책을 읽는다. (   )

6. 임금님이 화가 난 까닭은 무엇인가요?

다자구 할머니

🌱 동화를 재미있게 읽고 물음에 답해 보세요.

다자구 할머니 ❷

고을 원님은 어떻게 죽령 산적을 잡을지 고민을 하느라 밥도 먹을 수가 없었습니다. 임금님이 죽령 산적을 잡지 못하면 큰 벌을 내리겠다고 했기 때문입니다. 그렇지만 뾰족한 수가 없었습니다.

그러던 어느 날, 한 할머니가 원님을 찾아왔습니다.

"제가 산적들을 잡을 수 있게 도와 드리지요."

㉠"할머니께서 어떻게 도와주겠단 말씀이시오?"

원님은 할머니를 믿을 수 없다는 듯이 말했습니다.

할머니는 원님의 귀에 대고 소곤소곤 속삭였습니다. 그러자 원님은 싱긋 웃으며 고개를 끄덕였습니다.

1. 원님은 무엇에 대해 고민하고 있었나요?

을 어떻게 잡을 것인지에 대해

2. 이 글의 내용에 맞으면 ○를, 틀리면 ×를 해 보세요.

(1) 한 할머니가 원님을 찾아왔습니다. (   )

(2) 원님은 산적을 잡지 못해서 큰 벌을 받았습니다. (   )

(3) 원님은 할머니를 보자마자 할머니를 믿었습니다. (   )

3. 빈칸에 알맞은 흉내 내는 말을 찾아 써 보세요.

(1) 수업 시간에 지원이는 [   ][   ][   ] 귓속말을 했습니다.

(2) 내가 손을 흔들자 짝궁이 [   ][   ] 웃었습니다.

4. ㉠은 어떤 뜻으로 한 말인가요?

① 서운하다고   ② 존경스럽다고

③ 몹시 고맙다고   ④ 믿을 수 없다고

⑤ 아주 재미있다고

핵심 문제

5. 원님이 할머니 말을 듣고 싱긋 웃으며 고개를 끄덕인 까닭은 무엇
일까요?

_____

6. 할머니가 원님에게 한 말을 원고지에 옮겨 써 보세요.

다자구 할머니

🌱 동화를 재미있게 읽고 물음에 답해 보세요.

다자구 할머니 ❸

다음 날 원님은 병사들을 죽령 곳곳에 숨게 했습니다. 모두 나무꾼이나 장사꾼처럼 꾸며서 산적들의 눈을 감쪽같이 속일 수 있었습니다. 또 ㉠귀가 밝은 병사 몇 명에게는 숲 속에서 무슨 소리가 들리는지 잘 듣게 했습니다.

한편 할머니는 혼자 죽령 산속으로 들어갔습니다.

"들자구야! 들자구야!"

그때 산적들이 칼을 뽑아 들고 할머니에게 다가왔습니다.

"해치지 마시오. 집을 나간 아들들을 찾으러 왔다오. 큰아들 이름은 다자구이고, 작은아들 이름은 들자구라오."

산적 두목은 목숨을 살려 줄 테니 부엌에서 일이나 하라고 했습니다.

"알겠소. 그대신 아들 생각이 날 때마다 이름이나 크게 부르게 해 주시오."

"흥! 그러든지 말든지!"

---

1. 병사들은 변장을 해서 산적들의 눈을 어떻게 속였나요?

산적들의 눈을 ☐☐☐☐ 속였습니다.

2. 죽령 산속에 숨은 병사들의 모습으로 알맞은 것에 ○를 해 보세요.

① (　　　　)　　　② (　　　　)　　　③ (　　　　)

3. 할머니의 두 아들 이름은 무엇인가요?

			와			

4. ㉠은 무슨 뜻인가요?

① 귀가 큰　　　　　　　② 귀가 잘생긴
③ 소리를 잘 듣는　　　　④ 귓속말을 잘하는
⑤ 귀가 잘 들리지 않는

창의력 문제

5. 여러분이 만약 숲 속을 지나다가 산적을 만난다면 위험에서 어떻게 벗어나겠는지 써 보세요.

_____

_____

다자구 할머니

🌱 동화를 재미있게 읽고 물음에 답해 보세요.

다자구 할머니 ④

며칠 후, 두목의 생일 잔치가 있어 산적들은 마음껏 술을 마시고 곤드레만드레 취했습니다.

이때 할머니가 외쳤습니다.

"들자구야! 들자구야!"

산적들은 할머니가 아들을 부른다고 생각했습니다.

한참 후 산적들이 하나 둘 잠이 들기 시작했습니다. 모두 다 잠이 든 것을 확인한 할머니는 이렇게 외쳤습니다.

"다자구야! 다자구야!"

이 소리가 들리자 원님은 병사들을 이끌고 산적 소굴을 공격했습니다. 그리고 잠자던 산적들을 몽땅 잡아갔습니다.

도둑처럼 나쁜 사람들이 모여 사는 곳

'들자구'와 '다자구'는 할머니와 원님의 암호였던 것입니다. 들자구는 산적들이 '아직 덜 잔다'는 뜻이고 '다자구'는 '다 잔다'는 뜻이었습니다.

비밀을 유지하기 위해 꾸민 약속 기호

1. 산적들이 술에 취한 모습은 어떠했나요?

취했습니다.

2. 산적들은 왜 마음껏 술을 마셨나요?
　① 할머니를 만나서
　② 두목의 생일 잔치가 있어서
　③ 산적들은 항상 술을 마셔서
　④ 할머니가 부엌일을 해 주어서
　⑤ 도둑질한 물건이 많아 기분이 좋아서

3. '들자구' 와 '다자구' 는 무슨 뜻이었나요?
　(1) 들자구 : _____
　(2) 다자구 : _____

4. 할머니는 어떤 사람인가요?
　① 지혜로운 사람　　　　② 남을 잘 속이는 사람
　③ 아들을 사랑하는 사람　　④ 부엌일을 잘하는 사람
　⑤ 거짓말을 잘하는 사람

창의력 문제

5. 만약 여러분이 원님과 암호를 만든다면 어떤 암호를 만들겠는지 까닭과 함께 써 보세요.

수수께끼 놀이

엄마와 함께 '수수께끼 놀이'를 해 보세요.

한 사람만 들어가도
만원이 되는 곳은?

◯◯◯

낯에는 꽉 차고
밤에는 텅 비는 것은?

◯◯◯

하늘에서
싸는 똥은?

◯◯

전진하면 지고
후퇴하면 이기는 것은?

◯◯◯◯

온 세상을 다 덮을
수 있는 것은?

◯◯◯

다리만 있고
발은 없는 것은?

◯◯

기탄국어

F단계 1집 3주차
41a~60b

학습 내용

1일 (41a~44b)	2일 (45a~48b)	3일 (49a~52b)	4일 (53a~56b)	5일 (57a~60b)
• 이야기 듣고 조리 있게 말하기 • 해님은(동시) • 희승이의 편지(편지글) • 자라와 토끼 Ⅰ(전래 동화)	• 자라와 토끼 Ⅱ(전래 동화)	• 자라와 토끼 Ⅲ(전래 동화) • 소영이의 일기(일기글)	• 태권도 학원(생활문)	• 상규의 일기(일기글) • 시간과 장소를 나타내는 말 • 높임말 • 생쥐와 도사 (전래 동화)

학습 관리표

	1일	2일	3일	4일	5일	이번 주는?
금주평가	Ⓐ 아주 잘함	Ⓐ 아주 잘함	Ⓐ 아주 잘함	Ⓐ 아주 잘함	Ⓐ 아주 잘함	● 학습 방법 ❶ 매일매일 ❷ 가끔 ❸ 한꺼번에 하였습니다.
	Ⓑ 잘함	Ⓑ 잘함	Ⓑ 잘함	Ⓑ 잘함	Ⓑ 잘함	● 학습 태도 ❶ 스스로 잘 ❷ 시켜서 억지로 하였습니다.
	Ⓒ 보통	Ⓒ 보통	Ⓒ 보통	Ⓒ 보통	Ⓒ 보통	● 학습 흥미 ❶ 재미있게 ❷ 싫증내며 하였습니다.
	Ⓓ 부족함	Ⓓ 부족함	Ⓓ 부족함	Ⓓ 부족함	Ⓓ 부족함	● 교재 내용 ❶ 적합하다고 ❷ 어렵다고 ❸ 쉽다고 하였습니다.

지도 교사가 부모님께	부모님이 지도 교사께

종합 평가	Ⓐ 아주 잘함	Ⓑ 잘함	Ⓒ 보통	Ⓓ 노력해야 함

원
교   반   이름

말하기

이야기 듣고 조리 있게 말하기

F41a

🌱 〈자린고비〉 이야기를 듣고 물음에 답해 보세요.

듣기 대본은 해답에 있어요.

1. 구두쇠가 길을 나선 까닭은 무엇인가요?

을 구하기 위해

2. 자린고비 가족의 저녁 먹는 모습을 본 구두쇠는 어떠했나요?

_____

3. 구두쇠와 자린고비에 대해 어떻게 생각하고 있는지 여러분의 생각을 조리 있게 말해 보세요.

_____

_____

해님은

🌱 즐거운 마음으로 동시를 읽고 물음에 답해 보세요.

• 글의 종류 : 동시   • 시의 짜임 : 2연 8행
• 글쓴이 : 이상교   • 글감 : 해님

해님은

해님은
일 년 동안
일을 참
잘하셨다.

풀잎 대궁이에서
식물 줄기를 나타내는 '대'의 사투리
이파리 끝까지
참
잘 말려 놓으셨다.

1. 해님이 잘 말려 놓은 것은 무엇인가요?

풀잎 ☐☐ 이에서 ☐☐☐ 끝까지

🐛 창의력 문제

2. 해님이 하는 일에 또 어떤 것이 있을지 생각해 보고 둘째 연을 바꾸어 써 보세요.

_____

_____

희승이의 편지

🌱 편지를 읽고 물음에 답해 보세요.

• 글의 종류 : 편지글
• 글감 : 알프스 소녀 하이디

희승이의 편지 ①

하이디에게

안녕? 난 희승이야.

《알프스 소녀 하이디》라는 책을 읽고 이렇게 편지를 써.

나는 네가 알프스 산을 떠나서도 잘 지내는구나 생각했어. 그런데 알프스 산이 너무 그리워서 병에 걸리기까지 한 너를 보고 정말 마음이 아팠어.

다행히 알프스 산으로 다시 돌아와 활기를 찾는 것을 보고 무척 기뻤어. 나라면 울고불고했을 텐데, 너는 어떻게 꾹 참을 수 있었니? 하이디야, 참 대단하구나!

참, 클라라에게 알프스 산으로 온 뒤로 걸을 수 있게 되어서 나도 무척 기쁘다고 전해 줘.

활발한 기운

1. 이 편지에 대한 설명으로 알맞은 것은 무엇인가요?

① 부르는 말을 안 썼습니다.

② 위로하는 내용의 편지입니다.

③ 여행하고 난 후에 쓴 편지입니다.

④ 다른 나라에 사는 친구에게 썼습니다.

⑤ 책을 읽고 주인공에게 편지를 썼습니다.

💡 '희승이의 편지'는 편지 양식의 독서 감상문입니다.

🌱 편지를 읽고 물음에 답해 보세요.

희승이의 편지 ❷

하이디야, 너는 참 착한 아이인 것 같아. 할아버지가 산 아랫마을 사람들과 친하게 지내게 된 것도 다 네가 노력해서잖아. 나는 너의 착한 마음씨를 닮고 싶어.

할아버지도 보고 싶고, 알프스 산에서 함께 뛰놀던 양들도 보고 싶어 하는 널 보니까 멀리 떨어져 계신 아빠 생각이 났어. 우리 아빠도 회사가 멀리 있어서 일주일에 한 번씩밖에 못 보거든.

책이지만 너를 만나게 돼서 좋았어.

그럼 하이디야, 알프스 산에서 건강하길 바랄게. 안녕!

10월 20일

희승이가 씀

1. 희승이는 하이디의 어떤 점을 닮고 싶어 하나요?

2. 여러분도 희승이처럼 책을 읽고 주인공에게 편지를 쓴다면 어떤 책을 읽고 누구에게 편지를 써 보고 싶은가요?

자라와 토끼

🌱 동화를 재미있게 읽고 물음에 답해 보세요.

• 글의 종류 : 전래 동화
• 글감 : 토끼의 간

자라와 토끼 ❶

옛날하고도 아주 먼 옛날의 일입니다. 동쪽 바다 깊은 곳 아름다운 용궁에 용왕님이 살고 있었습니다. 그런데 용왕님이 그만 덜컥 병이 나고 말았습니다.

바다를 다스리는 신

신하들은 ㉠용하다는 의원을 모두 불러 모아 용왕님을 진찰하게 했습니다. 하지만 용왕님의 병은 점점 더 깊어만

의사가 병을 살피는 것

갔습니다.

바다 나라는 큰 슬픔에 잠기고 말았습니다.

1. 용궁이 있는 곳에 ○를 해 보세요.

① 서쪽 바다 (　　　)　　② 북쪽 바다 (　　　)

③ 동쪽 바다 (　　　)　　④ 남쪽 바다 (　　　)

2. 바다를 다스리는 임금님을 무엇이라고 부르나요?

3. 용왕님이 사는 곳을 무엇이라고 하나요?

4. ㉠과 바꿔 쓸 수 있는 말은 무엇인가요?

① 용감하다는   ② 병을 못 고친다는

③ 병을 잘 고친다는   ④ 용이라는 별명을 가진

⑤ 용왕님만을 치료한다는

5. 의사가 병을 살피는 것은 무엇인가요?

6. 바다 나라가 슬픔에 잠긴 까닭은 무엇인가요?

용왕님의 ▢ 이 점점 더 깊어가서

자라와 토끼

🌱 동화를 재미있게 읽고 물음에 답해 보세요.

자라와 토끼 ②

　하루는 가자미 대신이 서쪽 바다에서 아주 용하다는 망둥이 의원을 데려왔습니다. 용왕님을 진찰한 망둥이 의원은 한참 동안 고개만 갸웃거렸습니다. 그러더니 아주 어렵게 말을 꺼냈습니다.

　　나라 일을 맡아 보는 벼슬로 오늘날의 '장관'을 이르는 말

　　의원 ___ 의사

　"황송하오나 용왕님의 병을 고칠 수 있는 약은 토끼의 간밖에 없사옵니다. 허나 육지 동물인 토끼의 간을 어찌 구할 수 있을지㉠……."

　신하들은 크게 걱정하며 서로 얼굴만 바라보았습니다. 물고기는 육지에 오르면 숨이 막혀서 죽게 되니 아무도 약을 구하러 갈 수가 없었기 때문입니다.

1. 누가 서쪽 바다에서 의원을 데려 왔나요?

| | | | 대신
|---|---|---|

2. 용왕님의 병을 고칠 수 있는 약은 무엇이라고 했나요?

□ □ 의 □

3. 육지 동물에는 '육'을, 바다 동물에 '바'를 써 보세요.
    (1) 상어 (   )   (2) 원숭이 (   )
    (3) 여우 (   )   (4) 가자미 (   )

4. 망둥이 의원의 말에 신하들이 얼굴만 바라보며 크게 걱정한 까닭은 무엇인가요?

_____

5. ㉠에 들어갈 알맞은 말은 무엇인가요?
    ① 물어보겠습니다.   ② 걱정이 됩니다.
    ③ 잘 될 것 같습니다.   ④ 저에게 맡겨 주십시오.
    ⑤ 구해 오도록 하겠습니다.

자라와 토끼

F45a

🌱 동화를 재미있게 읽고 물음에 답해 보세요.

자라와 토끼 ❸

바로 그때, 자라가 앞으로 나서며 이렇게 말하는 것이었습니다.

"용왕님! 제가 비록 느리기는 하오나 육지에서도 숨을 쉴 수 있으니, 가서 토끼를 잡아 오겠습니다."

오랜만에 환한 얼굴이 된 용왕님은 껄껄 웃으며 허락을 했습니다.

그런데 자라는 태어나서 지금껏 한 번도 토끼를 본 적이 없었습니다. 그래서 신하들은 그림을 잘 그리는 문어를 불러다가 토끼의 모습을 그리게 했습니다.

하얀 털에 기다랗고 쫑긋한 두 귀, 새빨갛고 동그란 눈, 짤막한 앞발, 길쭉한 뒷다리, 뭉뚝하고 북슬북슬한 꼬
끝이 짧고 무디고   털이 탐스럽게 난
리…….

'아하! 이렇게 생긴 놈이 바로 토끼로구나!'

자라는 서둘러 헤엄을 쳐 육지로 나가기 시작했습니다.

1. 토끼를 잡아오겠다고 나선 것은 누구인가요?

2. 이 글에 나온 육지에서도 숨을 쉴 수 있는 바다 동물은 무엇인가요?

3. 토끼의 모습과 다른 것은 무엇인가요?

① 하얀 털   ② 짤막한 앞발
③ 새빨갛고 동그란 눈   ④ 기다랗고 쫑긋한 두 귀
⑤ 기다랗고 털이 없는 꼬리

 서술형 문제

4. 그림을 보고 와 같이 표현해 보세요.

 하얀 털에 기다랗고 쫑긋한 두 귀, 새빨갛고 동그란 눈, 짤막한 앞발과 길쭉한 뒷다리

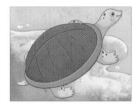

자라와 토끼

🌱 동화를 재미있게 읽고 물음에 답해 보세요.

자라와 토끼 ④

깊은 바다 나라에서 육지로 오르는 길은 아주 멀었습니다. 그렇지만 자라는 한 번도 쉬지 않고 열심히 헤엄을 쳤습니다.

마침내 토끼가 살고 있다는 육지에 도착했습니다.

"우와! 이 예쁜 꽃들 좀 봐."

육지에 처음 올라온 자라는 아름다운 봄 풍경에 눈이 휘둥그레졌습니다. 파란 하늘 위로 떠 가는 하얀 구름,

_{놀라거나 두려워서 눈이 크고 둥그렇게 되었습니다.}

아름드리 초록 나무들, 울긋불긋 피어 있는 꽃무더기, 방

_{둘레가 한 아름이 넘는 것을 나타내는 말}　　　　　　_{한데 수북이 쌓였거나 뭉쳐 있는 더미나 무리}

울 소리처럼 맑고 명랑한

새들의 노래……

자라는 정신을 차릴 수가 없었습니다.

1. 바다에서 육지를 오르는 길은 어떠했나요?

아주 ☐☐☐☐☐ .

2. 다음 중 바르게 쓴 글자에 ◯를 해 보세요.

(1) ① 열심이 (   )　　　② 열심히 (   )

(2) ① 깨끗이 (   )　　　② 깨끗히 (   )

3. 자라가 육지에서 처음 본 풍경이 아닌 것은 무엇인가요?

① 꽃무더기　　　　　② 파란 하늘

③ 하얀 구름　　　　　④ 눈 덮인 앙상한 나무

⑤ 맑고 명랑한 새 소리

4. 보기 와 같이 빈칸에 알맞은 꾸밈말을 써 보세요.

보기	구름 → 하얀 구름

(1) 새들 → _____ 새들

(2) 꽃 → _____ 꽃

5. 여러 가지 짙은 빛깔이 다른 빛깔들과 뒤섞여 있는 모양을 나타내는 낱말을 찾아 빈칸에 써 보세요.

가을산은 단풍으로 [　][　][　][　] 물들었습니다.

자라와 토끼

🌱 동화를 재미있게 읽고 물음에 답해 보세요.

자라와 토끼 ❺

그러나 자라는 곧 마음을 다잡았습니다.

'얼른 토끼를 잡아 용궁으로 돌아가자. 용왕님의 병환이
나으시려면 토끼의 간이 필요해.'
　　　　　　　　　　　　　　　　병을 높여 이르는 말

그런데 마침 저쪽에서 웬 짐승 한 마리가 폴짝폴짝 뛰어
오는 게 보였습니다. 자라는 얼른 문어가 그려 준 토끼의
그림을 떠올렸습니다.

'기다랗고 쫑긋한 두 귀, 새빨갛고 동
그란 눈, 짤막한 앞발, 길쭉한 뒷
다리, 뭉뚝하고 북슬북슬한 꼬
리까지……. 옳아! 바로 네 놈
이 토끼로구나.'

자라는 반가운 마음에 토끼
를 큰 소리로 불렀습니다.

1. 토끼의 모습을 이 글에 나타난 대로 알맞게 이어 보세요.

(1) 짤막한　　　　　　●　　　　　　● ① 눈

(2) 새빨갛고 동그란　　●　　　　　　● ② 앞발

(3) 뭉뚝하고 북실북실한 ●　　　　　　● ③ 꼬리

🌱 동화를 재미있게 읽고 물음에 답해 보세요.

자라와 토끼 ⑥

"토끼 님! 토끼 님! 나는 바닷속에서 사는 자라예요. 반 갑습니다."

토끼는 바다에서 왔다는 ㉠낯선 자라를 바라보며 궁금한 듯 물었어요.

"바다에 산다며 어떻게 여기까지 오셨소?"

"바다 나라에서는 육지에서 가장 똑똑한 토끼 님의 소문이 정말 대단합니다. 그래서 용왕님께서 토끼 님을 초대하려고 이렇게 저를 육지로 보내신 거랍니다."

기분이 좋아진 토끼는 <u>으스대며</u> 말했어요.
뽐내며

"헤헤헤! 바다 나라는 큰 인물을 알아보시는구려."

1. ㉠은 어떤 뜻인가요?

① 익숙한   ② 살펴보는   ③ 처음 보는

④ 아주 친한   ⑤ 자주 보는

자라와 토끼

🌱 동화를 재미있게 읽고 물음에 답해 보세요.

자라와 토끼 ❼

이때를 놓칠세라 자라는 얼른 말했습니다.

"토끼 님! 저와 같이 바다로 가요. 이곳은 무섭고 힘센 짐승도 많고, 짐승들을 잡아가는 못된 사냥꾼도 있다면서요? 바다 나라에는 그런 ㉠위험한 것들은 하나도 없답니다. 항상 즐거운 일만 가득하지요. 토끼 님이 오신 걸 알면 바다 나라의 모든 백성들이 기뻐할 거예요."

토끼는 바다 나라에 가고 싶어졌습니다. 자라의 등에 업혀서 가면 물속에 들어가도 숨이 막히지 않다고 하니, 이보다 더 좋은 기회가 어디 있겠어요? 더구나 바닷속이 싫어지면 도로 육지로 데려다 주겠다는 약속도 했기 때문입니다. 토끼는 자라가 정말 착한 친구인 것 같다고 생각했습니다.

1. 자라가 말한 ㉠이란 무엇을 말하나요?

무섭고 힘센 ☐☐ 과 짐승을 잡아가는 못된 ☐☐☐

동화를 재미있게 읽고 물음에 답해 보세요.

자라와 토끼 ⑧

마침내 토끼는 못 이기는 척 자라의 등에 타고 바다 나라로 떠났습니다. 그리고 먼 바닷길을 헤엄쳐 아름다운 용궁에 닿았습니다.

하지만 잔뜩 기대에 부풀어 있던 토끼는 용궁 안으로 들어서자마자 병사들에게 꽁꽁 묶여 버렸습니다.

"으악! 이게 뭐야? 왜 이러는 거예요?"

깜짝 놀란 토끼가 발버둥을 쳤지만, 아무 소용이 없었습니다. 토끼는 옴짝달싹 못한 채 용왕님 앞으로 끌려갔습니다.

몸을 아주 조금 움직이는 모양

"오호! 네가 바로 그 토끼라는 육지 동물이구나. 실은 내 병에 너의 간밖에는 다른 약이 없다하여, 자라를 시켜 너를 이곳까지 데려오게 했느니라. 너에게는 미안한 일이나 내 너의 고마움을 잊지 않고 해마다 크게 제사를 지내 줄 것이니 너무 서러워하지는 마라."

용왕님의 말에 토끼는 기절이라도 할 듯 놀랐습니다.

1. 토끼는 용궁에 도착하자마자 어떻게 되었나요?

자라와 토끼

🌱 동화를 재미있게 읽고 물음에 답해 보세요.

자라와 토끼 ⑨

'이제 나는 꼼짝없이 죽겠구나!'

토끼는 한숨을 내쉬다가 자신을 꾀어 데려 온 자라를 보았습니다. 자라는 목을 잔뜩 움츠린 채 커다란 물고기들 틈새에 숨어 있었습니다.
몸을 작게 한

'감히 나를 속여 용궁으로 데리고 와 죽게 하다니……'

토끼는 화가 치솟았지만 정신을 가다듬고 지혜를 짜냈습니다.

'옳지! 그렇게 해야겠다.'

토끼는 빨간 눈을 반짝이며 슬픈 목소리로 말했습니다.

"용왕님! 용왕님께서 저의 간을 잡수셔야 한다는 얘기를 미리 들었다면 간을 가져왔을 터인데, 저 미련한 자라를 따라 급히 오느라 그만 간을 빼놓고 왔지 뭡니까? 허락해 주신다면 다시 육지로 돌아가 간을 가져 오겠습니다."

1. 자라는 어디에 숨어 있었나요?

						들 틈새에

🌱 동화를 재미있게 읽고 물음에 답해 보세요.

자라와 토끼 ⑩

"무엇이라고? 아니, 어디서 그런 거짓말을 하느냐? 세상에 간을 빼놓고 다니는 놈이 어디 있단 말이냐?"

토끼는 또다시 능청스럽게 거짓말을 했습니다.

"저는 한 달에 반은 간을 몸에 가지고 다니고, 나머지 반은 간을 꺼내어 맑은 물에 깨끗이 씻은 뒤 깊은 골짜기 바위 틈에 잘 넣어 두고 다닌답니다. 토끼의 간이 귀한 약인 이유가 바로 그 때문이지요. 지금 저의 배를 갈라 확인을 하여도 좋지만, 그렇게 되면 제 간을 찾을 길이 없으니 그것이 걱정이옵니다."

용왕님과 대신들은 가만 생각해 보니 토끼의 말이 너무 그럴 듯했습니다. 잠시 생각을 하던 용왕님은 자라에게 토끼와 함께 육지로 돌아가 간을 찾아오라고 명령하였습니다.

1. 토끼가 한 거짓말은 무엇인가요?

한 달에 반은 간을 ☐에 두고 다니고, 나머지 반은 간을 꺼내어

씻은 뒤 깊은 ☐☐ ☐☐ 틈에 넣어 두고 다닌다고

자라와 토끼

🌱 동화를 재미있게 읽고 물음에 답해 보세요.

자라와 토끼 ⑪

그래서 자라는 다시 토끼를 등에 업고 먼 바닷길을 헤엄쳐 육지로 나아갔습니다.

아무 말도 않고 ㉠묵묵히 헤엄을 치던 자라가 드디어 바
_{말없이 잠잠하게}
닷가에 이르렀을 때입니다. 약삭빠른 토끼가 자라의 등에서 팔딱 뛰어내렸습니다. 그러고는 자라에게 호통을 치며
_{몹시 화가 나서 크게 지르는 소리}
말했습니다.

"이런 나쁜 놈 자라야! 네가 감히 나를 속여? ㉡세상에
어떤 재주 많은 짐승이 자기의 간을 넣었다 뺐었다 한다
더냐? 내 너를 더욱 혼내 주고 싶지만 나를 업고 먼 길
을 온 정성이 갸륵해서 살려 주마. 어서 썩 사라져라!"

자라는 그제야 속은 걸 알고 화가 났지만, 토끼는 벌써
깡충깡충 산속으로 뛰어간 뒤였습니다.

1. ㉠을 소리나는 대로 써 보세요.

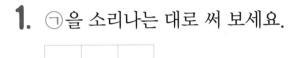

2. 자라가 바닷가에 이르렀을 때 토끼는 어떻게 했나요?

_____

3. 토끼가 자라를 더욱 혼내지 않고 돌려보낸 까닭은 무엇인가요?

토끼를 업고 [　　][　　]을 온 [　　][　　]이 갸륵해서

4. 밑줄 친 부분과 바꾸어 쓸 수 있는 흉내말을 생각하여 써 보세요.

> 토끼는 벌써 <u>깡충깡충</u> 산속으로 뛰어간 뒤였습니다.

_____

5. ㉡은 어떤 뜻으로 한 말인가요?
① 세상에 그런 짐승은 없다는 뜻으로
② 세상에 그런 짐승이 아주 많다는 뜻으로
③ 세상에 그런 짐승은 조금밖에 없다는 뜻으로
④ 세상에 그런 짐승이 있을 수도 있다는 뜻으로
⑤ 세상에 그런 짐승을 잘 찾아봐야 한다는 뜻으로

자라와 토끼

🌱 〈자라와 토끼〉의 내용을 생각하며 물음에 답해 보세요.

1. 자라에 대한 토끼의 생각은 어떻게 바뀌었나요?

착한 ⬚⬚ 인 것 같았습니다.

→ 자라에게 ⬚ 가 났습니다.

2. 토끼의 행동에 가장 알맞은 속담은 무엇인가요?

① 등잔 밑이 어둡다.

② 공든 탑이 무너지랴.

③ 소 잃고 외양간 고친다.

④ 돌다리도 두드려서 건너라.

⑤ 호랑이 굴에 들어가도 정신만 차리면 산다.

3. 밑줄 친 곳에 들어갈 알맞은 낱말을 보기 에서 골라 써 보세요.

보기	알쏭달쏭	옴짝달싹	전전긍긍	휘둥그레

(1) 육지에 올라온 자라는 아름다운 봄 풍경에 눈이

＿＿＿ 졌습니다.

(2) 토끼는 ＿＿＿＿＿ 못한 채 용왕님 앞에 끌려갔습니다.

🐛 창의력 문제

4. 용왕님의 병을 고칠 수 있는 다른 방법은 무엇이 있을지 자유롭게 상상하여 써 보세요.

5. 〈자라와 토끼〉를 읽고, 줄거리를 완성해 보세요.

옛날 동해 바다 용궁에 [ ][ ]이 살고 있었습니다. 그런데 용왕님이 덜컥 병이 나자 망둥이 의원이 용왕님을 진찰해 보고는 [ ]에 사는 [ ]의 [ ]을 구해 드시면 용왕님의 병을 고칠 수 있다고 말했습니다. 그래서 육지와 바다에서 모두 숨을 쉴 수 있는 [ ]가 [ ]를 잡으러 가게 되었습니다.

[ ]에 도착한 자라는 토끼를 만났습니다. 자라는 토끼를 속여 바다 나라로 데려갔습니다. 자라에게 속은 걸 알게 된 [ ]는 용왕님에게 토끼의 [ ]은 워낙 귀하기 때문에 간을 넣었다 뺐었다 하는데, 지금은 바로 깊은 산 [ ][ ] 바위 틈에 넣어 두고 왔다고 [ ][ ]을 했습니다. 그럴 듯한 토끼의 말에 속은 용왕님과 대신들은 [ ]에게 토끼를 데리고 가서 [ ]을 찾아오라고 했습니다. 하지만 육지에 도착한 토끼는 자라에게 호통을 치고는 [ ][ ][ ] 뛰어서 산속으로 가버렸습니다.

소영이의 일기

🌱 일기를 읽고 물음에 답해 보세요.

• 글의 종류 : 일기문
• 글감 : 합창 대회

소영이의 일기

5월20일 수요일 흐림

우리 학교 합창부가 구민 합창 대회에서 1등을 했다. 학교 수업이 끝나고 매일 남아 연습을 해서였나 보다.

선생님들도 칭찬하고 반 친구들도 모두 축하한다고 했다.

다음 달에는 서울 어린이 합창 대회를 나가는데, 거기서 뽑히면 전국 대회에도 나가게 된다.

엄마께서 나하고 우리 합창부 아이들이 잘하니 전국 대회도 나갈 수 있을 거라고 하셨다.

'더 열심히 해서 전국 대회에도 꼭 나가야지.'

오늘 따라 합창부에 들어가길 정말 잘했다는 생각이 든다.

1. 오늘의 날씨는 어떠했나요?

2. 소영이네 학교 합창부는 무슨 대회에서 1등을 했나요?

┌──┬──┐ ┌──┬──┐ ┌──┬──┐
│ │ │ │ │ │ │ │ │
└──┴──┘ └──┴──┘ └──┴──┘

3. 소영이는 1등을 한 까닭이 무엇이라고 생각했나요?

_____

4. 다음 달에는 무슨 대회가 있나요?
   ① 전국 어린이 미술 대회   ② 전국 어린이 합창 대회
   ③ 서울 어린이 합창 대회   ④ 서울 발명품 만들기 대회
   ⑤ 서울 어린이 체육 대회

5. 소영이는 어디에 나가고 싶어 하나요?

┌──┬──┐ ┌──┬──┐
│ │ │ │ │ │
└──┴──┘ └──┴──┘

서술형 문제

6. 전국 대회에 나가려면 어떻게 해야 할까요?

_____

태권도 학원

🌱 생활문을 재미있게 읽고 물음에 답해 보세요.

• 글의 종류 : 생활문
• 글감 : 태권도 학원에서 있었던 일

태권도 학원 ❶

나는 2학년이 되면서부터 태권도 학원에 다니기 시작했다.

그런데 요즘 태권도 학원에 가기가 무척 무섭다. 왜냐하면 태권도 학원 건물이 너무 낡았기 때문이다.

"엄마, 저 태권도 학원 다른 데로 옮겨 주세요."

"왜? 거긴 친구들도 많이 다녀서 좋다며?"

태권도 학원은 반 친구들이 많이 다녀서 엄마께 졸라 다니기 시작했던 것이다.

1. '나'는 어느 학원에 다니고 있나요?

학원

2. '나'는 언제부터 학원에 다녔나요?

☐☐☐ 이 되면서

3. 학원에 가기가 무서운 까닭은 무엇인가요?

학원이 너무 ☐☐☐ 때문에

4. 빈칸에 들어갈 알맞은 낱말을 찾아 써 보세요.

요즘 글짓기 학원에 가기가 무척 싫다. ☐☐☐☐ 글짓
기 학원이 너무 멀기 때문이다.

서술형 문제

5. 다음 낱말들을 함께 사용해서 짧은 문장을 만들어 보세요.

태권도, 학교, 선생님

태권도 학원

🌱 생활문을 재미있게 읽고 물음에 답해 보세요.

태권도 학원 ❷

　나는 무서운 마음이 들었지만 어쩔 수 없이 친구들과 학원에 갔다.

　"찬우야, 2층 계단 너무 무섭지 않니?"

　"응. 올라갈 때마다 삐그덕삐그덕 소리가 나서……."

　"맞아, 꼭 나무가 부러질 것 같아."

　찬우와 나는 혹시 계단이 부서질까 봐 살금살금 2층으로 올라갔다.

　정말 가슴이 조마조마했다.

닥쳐올 일에 대해 걱정이 되어 마음이 불안한 모양

1. 계단은 올라갈 때마다 어떤 소리가 났나요?

2. '나' 와 찬우는 왜 살금살금 계단을 올라갔나요?

_____

3. '나' 와 찬우가 나눈 이야기로 미루어 보아 계단은 무엇으로 만들어
졌나요?

① 돌   ② 흙   ③ 철
④ 나무   ⑤ 고무

4. 빈칸에 들어갈 알맞은 낱말을 찾아 써 보세요.

숙제를 안 해서 선생님께 혼날까 봐 가슴이 ⬚⬚⬚⬚ 했다.

5. 와 같이 흉내말을 보고 재미있는 별명을 지어 보세요.

> 　　찬우는 살금살금 걸어다닙니다.
> 　　그래서 별명이 살금이입니다.

내 친구 경민이는 성큼성큼 걷습니다.

그래서 별명이 _____ 입니다.

태권도 학원

🌱 생활문을 재미있게 읽고 물음에 답해 보세요.

태권도 학원 ❸

우리는 학원에서 태권도 연습을 할 때도 겁이 났다.

지붕이 무너질까 봐 겁을 내는 아이들도 있었고, 연습을 하다가 마룻바닥에 발이 빠질까 봐 ㉠살살 연습하는 아이들도 있었다.

하지만 우리 태권도 학원 선생님이 동네에서 제일 잘 가르치신다고 해서 아이들은 다른 곳으로 쉽게 옮기지 않았다.

'선생님이 조금만 더 새 건물에 있는 학원에 계셨으면 얼마나 좋을까?'

1. 아이들이 태권도 연습을 할 때 겁이 나는 것들은 무엇인가요?

　(1) ⬜⬜ 이 무너질까 봐

　(2) ⬜⬜⬜ 에 발이 빠질까 봐

2. ㉠을 다른 낱말로 바꿀 때 알맞은 것은 무엇인가요?

　① 슬슬　　　　　② 실실　　　　　③ 술술
　④ 쌀쌀　　　　　⑤ 솔솔

3. 아이들이 다른 학원으로 옮기지 않은 이유는 무엇인가요?

_____

4. 밑줄 친 낱말 중 맞춤법이 바른 것은 어느 것인가요?

　① 걸음을 <u>옴겨따</u>.
　② 이삿짐을 <u>옴껐다</u>.
　③ 느낌을 글로 <u>옮겼다</u>.
　④ 피아노 학원을 <u>옮겄다</u>.
　⑤ 태권도 학원을 <u>옴겄다</u>.

서술형 문제

5. '연습' 을 넣어 짧은 글을 지어 보세요.

_____

태권도 학원

🌱 생활문을 재미있게 읽고 물음에 답해 보세요.

태권도 학원 ④

그런데 어느 날 정말 걱정하던 ㉠일이 터지고 말았다.

덩치가 큰 3학년 형이 낡은 계단을 '쿵쾅쿵쾅' 뛰어내려 가다가 계단이 부서져 버린 것이다. 3학년 형은 다리가 계단에 끼어서 마구 울었다.

"찬우야, 어떻게 해?"

"우리 조심조심 내려가자."

나와 찬우는 다행히 다치지 않았지만 계단을 내려가기가 더 무서웠다.

빨리 나무 계단을 없애 버리고 쇠로 만들었으면 좋겠다. 그리고 튼튼하게 새로 지은 학원에서 마음 놓고 태권도를 배울 수 있었으면 참 좋겠다.

1. ㉠은 어떤 일을 말하나요?

① 지붕이 무너진 것　　　② 계단이 부서진 것
③ 마룻바닥이 무너진 것　④ 건물이 모두 무너진 것
⑤ 학원을 모두 그만둔 것

2. 3학년 형이 계단을 내려갈 때 계단이 부서진 까닭은 무엇인가요?

낡은 계단을 '　　　　' 뛰어내려 가서

3. 3학년 형이 마구 운 까닭은 무엇인가요?

4. 나는 나무 계단을 없애고 무엇으로 계단을 만들기를 바랐나요?

① 돌　　②쇠　　③ 종이
④ 유리　⑤ 나무

서술형 문제
5. 여러분이 낡은 학원에 다닌다면 어떻게 하겠는지 써 보세요.

상규의 일기

🌱 일기를 읽고 물음에 답해 보세요.

• 글의 종류 : 일기글
• 글감 : 인터넷

상규의 일기

7월 18일 토요일 흐리다 비 옴.

오후부터 비가 내렸다. 그래서 밖에 나가지 않고 집에서 인터넷을 했다.

어린이 대화방에서 친구들과 이야기를 하고 있는데 갑자기 번개가 쳤다. 그러더니 컴퓨터가 꺼져 버렸다. 너무 놀라서 한참을 가만히 앉아 있었다. 그리고 나서 다시 컴퓨터를 켰지만 여전히 컴퓨터가 이상했다. 화면에 아무것도 뜨지 않았다.

저녁때 아버지께 말씀드리니 번개가 칠 때 인터넷 같은 컴퓨터 통신을 하면 번개 때문에 가끔 컴퓨터가 고장이 날 수도 있다고 하셨다. 내 컴퓨터를 살펴보신 아버지는 하드디스크가 다 고장이 나서 새 것으로 바꿔야 할 것 같다고 하셨다.

다음부터는 비가 오고 번개가 칠 때는 절대로 컴퓨터를 켜지 말아야겠다고 다짐했다.

1. 오늘 날씨는 어떠했나요?

_____

2. 상규는 집에서 무엇을 하고 있었나요?

3. 컴퓨터가 고장난 까닭은 무엇인가요?
① 번개 때문에
② 바이러스에 걸려서
③ 컴퓨터를 떨어뜨려서
④ 내가 컴퓨터를 잘못 다루어서
⑤ 컴퓨터 부품이 오래 된 것이어서

4. 컴퓨터가 고장난 이유를 가르쳐 주신 분은 누구인가요?

5. 상규가 다짐한 것은 무엇인지 써 보세요.

시간과 장소를 나타내는 말 F58a

1. 시간을 나타내는 낱말을 바르게 써 보세요.

(1) (   ) – 오늘 – (   ) – 모레

(2) 작년 – (   ) – 내년

2. 장소를 나타내는 낱말을 보기 에서 골라 써 보세요.

보기	여기	거기	저기

(1) 말을 하는 나에게 가까운 곳 : (   )

(2) 말을 듣는 상대에게 가까운 곳 : (   )

(3) 두 사람에게서 멀리 떨어져 있는 곳 : (   )

3. 다음 문장을 보고 시간을 나타내는 말이 맞게 쓰인 문장에 ○를, 잘못 쓰인 문장에 ✕를 해 보세요.

(1) 민후는 작년에 3학년이 될 것입니다.   (   )

(2) 나는 내일 친구들과 농구를 했습니다.   (   )

(3) 혜진이는 어제 컴퓨터 통신을 했습니다.   (   )

(4) 재원이는 모레 이모님 댁에 갈 것입니다.   (   )

4. 밑줄 친 말이 시간을 나타내면 '시', 장소를 나타내면 '장'을 써 보세요.

(1) 어느새 겨울이 왔습니다.   (   )

(2) 그쪽에 서 있으면 위험합니다.   (   )

(3) 저곳으로 가면 오아시스가 보일 것입니다.   (   )

(4) 옛날 호랑이가 고개를 넘어가고 있었습니다.   (   )

높임말

🌱 언제, 누구에게 높임말을 써야 하는지 알아보세요.

> • 어른께는 높임말을 씁니다.
>   예 "어머니, 진지 잡수세요."
> • 할아버지께 아버지를 말할 때는 아버지를 낮추어 말합니다.
>   예 "할아버지, 아버지도 아침을 먹었어요."
> • 아버지께 할아버지를 말할 때는 모두 높입니다.
>   예 "아버지, 할아버지께서 지금 주무시고 계세요."
> • 친구나 나이가 어린 사람에게 웃어른을 말할 때는 웃어른을 높입니다.
>   예 "동우야, 선생님께서 어디 가셨니?"

1. 다음 낱말의 알맞은 높임말을 써 보세요.

(1) 밥 : _____   (2) 먹다 : _____

(3) 주다 : _____   (4) 말 : _____

(5) 있다 : _____   (6) 묻다(어른께) : _____

(7) 죽다 : _____   (8) 자다 : _____

2. 높임말이 바르게 쓰인 문장은 무엇과 무엇인가요?

① 선생님, 저 질문이 계세요.

② 동생에게 연필을 드렸습니다.

③ 어머니께서 말씀을 천천히 하십니다.

⑤ 할머니께서 저에게 생신 선물을 드리셨습니다.

⑤ 누나에게 아버지께서 어디 계시는지 물어보았습니다.

생쥐와 도사

🌱 동화를 재미있게 읽고 물음에 답해 보세요.

• 글의 종류 : 전래 동화
• 글감 : 생쥐와 도사

생쥐와 도사 ❶

깊은 숲 속에 도사 한 명이 혼자 '큰 것'과 '작은 것'에 대해 곰곰이 생각하고 있었습니다.

그때 갑자기 작은 생쥐 한 마리가 도사 앞을 획 지나갔습니다. 그 생쥐는 솔개에게 쫓기고 있었습니다.

'쯧쯧, 작고 힘없는 생쥐가 크고 욕심 많은 솔개한테 잡아먹히겠는걸.'

솔개가 생쥐를 날카로운 발톱으로 낚아채려는 순간, 도사가 잽싸게 솔개를 잡아서 생쥐를 구해 주었습니다. 겁에 질려 오들오들 떨고 있는 생쥐를 보자 가엾은 생각이 든 도사는 생쥐를 안고 자기의 오두막집으로 데리고 갔습니다. 그리고 먹을 것을 주며 정성껏 돌봐 주었습니다.

1. 도사는 깊은 숲 속에서 무엇에 대해 생각하고 있었나요?

　　　　과　　　　　에 대해

2. 숲 속에서 생쥐는 무엇에 쫓기고 있었나요?

🌱 동화를 재미있게 읽고 물음에 답해 보세요.

생쥐와 도사 ❷

며칠 후 고양이 한 마리가 생쥐를 노려보고 있었습니다. 또다시 도사는 생쥐를 구해 주기 위해서 도술을 부려 벌벌 떨고 있는 생쥐를 힘센 고양이로 둔갑시켰습니다.

도술을 부려 자기 몸을 감추거나 다른 것으로 바꿈.

그날 밤 도사가 막 잠자리에 들려고 할 때였습니다.

숲에서 '꺼이꺼이' 하며 울부짖는 늑대들의 소리가 들려오는 것이었습니다. 그러자 그 전에 생쥐였던 고양이는 기가 죽어서 침대 밑으로 기어들어가 숨어 버렸습니다.

'으음, 가엾은 것! 작게 태어나서 세상을 산다는 것이 참 힘들겠구나!'

도사는 이번에는 생쥐를 고양이보다 훨씬 큰 늑대로 다시 둔갑시켜 주었습니다.

1. 도사의 성격을 바르게 말한 것은 어느 것인가요?

① 인정이 많다.　　② 욕심이 많다.　　③ 화를 잘 낸다.
④ 성격이 급하다.　　⑤ 거짓말을 잘한다.

2. 생쥐의 모습이 변한 순서대로 써 보세요.

생쥐 → ☐☐☐ → ☐☐

생쥐와 도사

🌱 동화를 재미있게 읽고 물음에 답해 보세요.

생쥐와 도사 ③

다음 날, 늑대로 변한 생쥐가 숲 속으로 나왔습니다.

그때 굶주린 호랑이가 그 늑대를 노리고 있었습니다.

'앗, 호랑이다! 이대로 놔 두면 큰일나겠는걸. 얍!'

다행히 늑대 바로 옆에서 수도를 하고 있던 도사가 그
<u>도를 닦음.</u>
늑대를 호랑이로 둔갑시켜 주었습니다.

마침내 생쥐는 잘생기고 <u>늠름한</u> 호랑이가 되어 숲 속을
생김새나 태도가 의젓하고 당당한
당당하게 돌아다녔습니다. 그런데 생쥐였던 그 호랑이는 잘
난 척하며 다른 작은 동물들을 업신여기기까지 했습니다.

이를 본 도사가 호랑이를 꾸짖었습니다.

"너는 몇 번씩이나 죽을 뻔했던 작은 생쥐였어. 그러니
잘난 척하며 다니지 마라. 이 어리석은 생쥐야!"

1. 늑대로 변한 생쥐를 노리고 있던 동물은 무엇인가요?

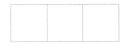

2. 호랑이가 된 생쥐는 어떻게 행동했나요?

🌱 동화를 재미있게 읽고 물음에 답해 보세요.

생쥐와 도사 ④

위험에 처했을 때마다 자기를 구해 준 도사의 은혜를 까맣게 잊어버린 호랑이는 너무 분하고 창피했습니다.

'에잇, 저 늙은이를 죽여 버려야겠다.'

호랑이는 도사를 해칠 순간을 노리고 있었습니다.

사람의 마음뿐 아니라 동물의 마음도 꿰뚫어 보는 도사는 이런 호랑이의 생각을 금방 알아챘습니다.
어떤 일의 내용을 잘 알아

"에잇, 은혜도 모르는 녀석! 당장 숲으로 돌아가서 다시 생쥐가 되어라!"

도사의 말이 끝나자마자 위풍당당하던 호랑이는 다시
위엄 있고 떳떳하던
초라한 생쥐로 돌아오고 말았습니다. 겁에 질린 생쥐는 쪼르르 숲 속으로 줄달음질쳐 도망갔습니다.
단숨에 내처 달리는 달음박질

1. 호랑이로 변한 생쥐는 도사의 말을 듣고 창피하고 분해서 어떤 생각을 했나요?

서술형 문제

2. 이 글을 읽고 느낀 점을 써 보세요.

낱말 퀴즈 놀이

엄마와 함께 '낱말 퀴즈 놀이' 를 해 보세요.

1 말과의 포유류이지만 말보다 몸은 작고 앞머리의 긴 털이 거의 없고 귀가 긴 동물은?

2 우리나라의 전통 무예를 바탕으로 한 운동으로 손과 발 기술을 사용하는 것은 무엇인가요?

4 사람이 타고 앉아 두 다리의 힘으로 바퀴를 돌려서 가게 하는 탈것은 무엇인가요?

3 몸의 길이는 30 센티미터 정도이고 거북과 비슷하나 주둥이 끝이 뾰족하며 등딱지의 중앙선 부분만 단단한 동물은 무엇인가요?

기탄국어

F단계 1집 4주차
61a~80b

학습 내용

1일(61a~64b)	2일(65a~68b)	3일(69a~72b)	4일(73a~76b)	5일(77a~80b)
• 이야기 듣고 조리 있게 말하기 • 반쪽(동시) • 성희의 편지(편지글) • 고마우신 아버지 Ⅰ (생활문)	• 고마우신 아버지 Ⅱ (생활문) • 흉내 내는 말 • 소파 방정환 Ⅰ(전기문)	• 소파 방정환 Ⅱ(전기문)	• 상범이의 일기(일기글) • 이슬비 색시비(동시) • 비슷한 말	• 형주의 일기(일기글) • 문장 만들기 • 높임말 • 시간과 장소를 나타내는 말 • 맞춤법 • 맞서는 말

학습 관리표

	1일	2일	3일	4일	5일	이번 주는?
금주평가	Ⓐ 아주 잘함	Ⓐ 아주 잘함	Ⓐ 아주 잘함	Ⓐ 아주 잘함	Ⓐ 아주 잘함	● 학습 방법 ❶ 매일매일 ❷ 가끔 ❸ 한꺼번에 하였습니다.
	Ⓑ 잘함	Ⓑ 잘함	Ⓑ 잘함	Ⓑ 잘함	Ⓑ 잘함	● 학습 태도 ❶ 스스로 잘 ❷ 시켜서 억지로 하였습니다.
	Ⓒ 보통	Ⓒ 보통	Ⓒ 보통	Ⓒ 보통	Ⓒ 보통	● 학습 흥미 ❶ 재미있게 ❷ 싫증내며 하였습니다.
	Ⓓ 부족함	Ⓓ 부족함	Ⓓ 부족함	Ⓓ 부족함	Ⓓ 부족함	● 교재 내용 ❶ 적합하다고 ❷ 어렵다고 ❸ 쉽다고 하였습니다.

지도 교사가 부모님께	부모님이 지도 교사께

종합 평가	Ⓐ 아주 잘함	Ⓑ 잘함	Ⓒ 보통	Ⓓ 노력해야 함

원
교   반   이름

기탄국어

말하기

이야기 듣고 조리 있게 말하기   F61a

🌱 〈행복한 왕자〉 이야기를 듣고 물음에 답해 보세요.   듣기 대본은 해답에 있어요.

1. 왕자가 제비에게 부탁한 것은 무엇인가요?

2. 왕자의 동상이 철거될 때 동상에서 나온 것은 무엇인가요?

 핵심 문제

3. 이야기를 읽고 난 후의 생각이나 느낌을 조리 있게 말해 보세요.

🌱 즐거운 마음으로 동시를 읽고 물음에 답해 보세요.

• 글의 종류 : 동시   • 시의 짜임 : 4연 10행
• 글쓴이 : 권영상   • 글감 : 밤톨과 사과

반쪽

네가 주는

밤 한 톨의
밤이나 곡식의 낱알을 세는 단위
반쪽

네 마음의 절반이

내게로 온다.

네게로 건네는

사과 한 알의
작고 둥근 열매나 곡식의 낱개
반쪽

내 마음의 절반이

네게로 간다.

 서술형 문제

1. 친구가 여러분에게 밤 한 톨의 반쪽을 주었다면 어떨지 써 보세요.

_____

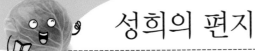
성희의 편지

🌱 편지를 읽고 물음에 답해 보세요.

• 글의 종류 : 편지글
• 글감 : 민희에게 사과함.

성희의 편지 ❶

동생 민희에게

안녕? 민희야. 언니가 너한테 편지 쓰는 건 처음이지?

너하고 싸우고 나서 3일 동안 말도 안 해서 미안해. 너하고 싸웠는데 엄마께서 너보다 나를 더 많이 혼내셔서 화가 났었어.

그런데 생각해 보니까 언니가 더 잘못한 것 같아서 미안하다는 말을 전하려고 편지 쓰는 거야.

3일 전에 너만 집에 남겨 두고 언니 혼자 친구들하고 놀러 나갔잖아. 친구들이랑 고무줄 놀이하는데 귀찮을까 봐 데리고 가지 않았거든. 그런데 네가 집에서 혼자 놀다가 다쳤다는 말에 너무 놀랐어.

민희야, 언니가 잘못했어. 내가 너를 데리고 함께 나갔다면 다치지 않았을 텐데……

1. 이 글은 어떤 종류의 편지인가요?

① 감사 편지　　② 위문 편지　　③ 사과 편지

④ 초대 편지　　⑤ 안부 편지

🌱 편지를 읽고 물음에 답해 보세요.

성희의 편지 ❷

　나도 놀라고 속상했는데 엄마께서 너무 화를 내서서 그만 너한테 화를 내고 만 거야.

　미안해, 민희야. 그리고 말도 하지 않고 괜히 심통 부린
것도 미안해. 다음부터는 언니가 놀러 나갈 때 꼭 너도 데려갈게. 그리고 너하고 자주 놀아 줄게.

마땅하게 여기지 않는 나쁜 마음

　그러니까 언니 용서해 줘.

　사랑해, 민희야.

4월 25일
언니 성희 씀

1. 누가 누구에게 쓴 편지인가요?

언니 ☐☐ 가 동생 ☐☐ 에게

2. 성희가 편지에서 동생과 약속한 것은 무엇인가요?

고마우신 아버지

🌱 생활문을 재미있게 읽고 물음에 답해 보세요.

• 글의 종류 : 생활문
• 글감 : 아버지

고마우신 아버지 ❶

"누나, 돈 좀 빌려 줘."

"똑같이 용돈 받는데 왜 나한테 달라고 그러니?"

누나는 나를 쳐다보지도 않고 나가 버렸습니다. 나는 울고 싶었습니다.

'요술자를 꼭 사야 하는데㉠…….'

나는 마루에 주저앉아 버렸습니다. 그때 누나가 마루에 펴 둔 공책이 보였습니다.

누나가 가장 아끼는 공책이었습니다. 그 공책은 예쁜 그림이 그려져 있고 손가락으로 문지르면 향기도 나는 신기한 공책입니다. 그렇지만 나는 누나에게 기분이 상해서 공책이 꼴 보기 싫었습니다.

꽃, 향수 따위에서 나는 좋은 냄새

누나를 골려 주면 좋겠다고 생각하다가 공책을 소파 밑으로 밀어 넣었습니다.

1. '나' 가 누나에게 돈을 빌리려고 한 까닭은 무엇인가요?

를 사려고

2. ㉠ 대신 들어갈 알맞은 말은 무엇인가요?

① 어쩌면 좋지?　　　　　② 주저앉아 버려야지.

③ 공책을 숨겨야지.　　　　④ 신기한 공책을 샀어.

⑤ 어디에 가면 살 수 있을까?

3. 누나의 공책은 어떤 공책인지 설명해 보세요.

_____

4. 공책을 어디에 숨겼나요?

밑에

5. 보기의 밑줄 친 말과 뜻이 같은 말은 무엇인가요?

보기	누나한테 돈을 빌렸다.

① 빌었다　　　　② 꾸었다　　　　③ 주웠다

④ 밀었다　　　　⑤ 받았다

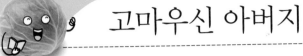
고마우신 아버지

🌱 생활문을 재미있게 읽고 물음에 답해 보세요.

고마우신 아버지 ②

그날 밤에 누나는 공책이 없어졌다며 소란을 피웠습니다.

"경민이 너지? 네가 내 공책 숨겼지?"

"아니, 내가 왜 ㉠그런 짓을 해?"

㉡누나가 ㉢나를 의심하자 가슴이 두근두근 뛰었지만 큰 소리로 아니라고 소리쳤습니다. 하지만 누나는 믿지 않았습니다.

그때 옆에서 신문을 보고 계시던 아버지께서 말씀하셨습니다.

㉣"희민아, 누나가 돼서 동생을 의심하면 되겠니? 경민이가 아니라고 하면 믿어 주어야지. 그리고 무엇보다도 난 너희들을 언제나 믿는단다."

---

1. 누나는 누구를 의심했나요?

① 나   ② 친구   ③ 강아지

④ 아버지   ⑤ 어머니

2. ㉠은 무엇을 말하는 것인가요?

_____

_____

3. ㉡과 ㉢은 누구인지 이름을 써 보세요.

(1) ㉡ : ☐☐

(2) ㉢ : ☐☐

4. ㉣과 같이 말한 사람은 누구인가요?

☐☐☐

5. 다음 문장에서 틀린 부분을 찾아 바르게 고쳐 써 보세요.

> 아버지가 신문을 보십니다.

_____ → _____

6. 몹시 놀라거나 겁이 나서 가슴이 마구 뛰는 것을 나타내는 낱말을 찾아 빈칸에 써 보세요.

태권도 승급 심사에서 떨어질까 봐 가슴이 ☐☐☐☐ 뛰었습니다.

고마우신 아버지

🌱 생활문을 재미있게 읽고 물음에 답해 보세요.

고마우신 아버지 ❸

나는 아빠의 말씀을 듣는 순간 얼굴이 화끈거렸습니다. 뜨거운 기운을 받아 잇따라 달아올랐습니다.
아버지는 나를 믿고 계셨습니다. 그런데 나는 거짓말을 한 것입니다. 너무 부끄러웠습니다.

"아빠, 사실은 제가 화가 나서 그만……."

"그것 보세요. 경민이가 그랬잖아요."

"미안해, 누나. 아빠 잘못했어요."

눈물이 펑펑 쏟아졌습니다. 아버지께 혼이 날까 봐 겁이 났기 때문입니다. 그러나 아버지께서는 어깨를 두드려 주셨습니다.

1. '나' 는 무엇이 부끄러웠나요?

을 한 것

2. '나' 는 왜 눈물을 흘렸나요?

께 혼이 날까 봐

이 나서

🌱 생활문을 재미있게 읽고 물음에 답해 보세요.

고마우신 아버지 ④

"경민아, 거짓말을 한 것은 잘못이란다. 하지만 경민이가 용기 있는 행동을 해 주어서 아빠는 기쁘단다."

"그래, 누나도 이번 한 번은 용서해 줄게."

"고마워, 누나."

나는 나를 믿는다는 아버지 말씀을 가슴 속에 깊이 새겼습니다.

'아빠, 고맙습니다. 다시는 거짓말을 하지 않을게요.'

1. 아버지께서 용서해 주신 까닭은 무엇인가요?

① 누나가 더 잘못해서

② 경민이 잘못이 아니라서

③ 경민이가 공책을 새로 사 와서

④ 누나가 용서해 달라고 부탁해서

⑤ 경민이가 용기 있게 잘못했다고 말해서

고마우신 아버지

F66a

🌱 〈고마우신 아버지〉의 내용을 생각하며 물음에 답해 보세요.

1. 경민이가 아버지께 가장 고마워하고 있는 것은 무엇인가요?

① 자신을 믿어 주신 것　　② 요술자를 사 주신 것

③ 누나를 혼내 주신 것　　④ 용돈을 많이 주신 것

⑤ 잘못을 용서해 주신 것

2. 다음 중 느낌을 나타낸 문장은 무엇인가요?

① 공책을 숨겨 버렸습니다.

② 눈물이 펑펑 쏟아졌습니다.

③ 아버지께서 들어오셨습니다.

④ 아버지가 정말 고마웠습니다.

⑤ 누나는 그냥 나가 버렸습니다.

🐛 서술형 문제

3. 여러분도 거짓말을 한 적이 있을 거예요. 언제, 어떤 거짓말을 했고 왜 그런 거짓말을 했는지 써 보세요.

(1) 누구에게 : _____

(2) 언제 : _____

(3) 어디서 : _____

(4) 어떤 거짓말을 : _____

(5) 왜 : _____

흉내 내는 말

1. 다음 그림에 어울리는 흉내말을 골라 ○를 해 보세요.

(1) 찌개가 끓습니다.

> 반짝반짝, 보글보글

(2) 개가 짖습니다.

> 꼬끼오, 컹컹컹, 둥둥

(3) 아기가 웃습니다.

> 방긋방긋, 빙글빙글, 허허

(4) 토끼가 뛰어갑니다.

> 깡충깡충, 엉금엉금

소파 방정환

F67a

🌱 전기문을 읽고 물음에 답해 보세요.

• 글의 종류 : 전기문
• 글감 : 방정환

소파 방정환 ❶

정환이는 양쪽 주머니에 사탕을 가득 넣고 걸어가고 있었습니다.

골목에 이를 때였습니다. ㉠정환이는 골목에서 참새 한 마리를 들고 있는 ㉡아이를 보았습니다.

"얘, ㉢너 그 참새 어디서 났어?"

"어디서 나긴 ㉣내가 잡았지. 그런데 왜?"

"㉤네가 잡았다고?"

"응."

"㉥그걸 어떻게 잡았는데?"

정환이는 아이가 참새를 어떻게 잡았는지 몹시 궁금했습니다.

"응, 말총을 동그랗게 올가미
새끼나 노 따위로 옭아서 고를 내어 짐승을 잡는 장치
를 지어서 울타리에 매어 놓고
기다리면 잡을 수 있어."

---

1. 정환이는 골목에서 누구를 보았나요?

| | | | 를 들고 있는 아이

2. ㉠~㉤ 중 가리키는 사람이 다른 것은 무엇인가요?

① ㉠   ② ㉡   ③ ㉢   ④ ㉣   ⑤ ㉤

3. ㉥은 무엇을 말하나요?

핵심 문제

4. 아이는 어떻게 참새를 잡았다고 했나요?

을 동그랗게
를 지어서
에

매어 놓고 기다리면 잡을 수 있다고

5. 다음 문장에서 맞춤법이 틀린 낱말을 찾아 바르게 고쳐 써 보세요.

> 말총을 동그라케 올가미를 지었습니다.

_____ → _____

6. 문장에 알맞은 말을 골라 ○를 해 보세요.

(1) 선생님께서 너한테 주신 거니까 이건 (내, 네) 거야.

(2) (내, 네)가 어제 (내, 네)게 빌려 준 책 좀 돌려 줄래?

소파 방정환

🌱 전기문을 읽고 물음에 답해 보세요.

소파 방정환 ❷

"말총? 그게 뭔데?"

"넌 그것도 모르니? 말총은 말의 꼬리털이야. 말이 서 있을 때 빨리 하나를 뽑으면 돼."

"말이 놀라서 날뛰면 어떻게 하지?"

"그러니까 얼른 뽑아서 도망쳐야지."

정환이는 아이에게 고맙다며 주머니에 있던 사탕을 몇 개 꺼내 주고는 집으로 달려왔습니다.

집 앞에는 마침 말이 한 마리가 말뚝에 매어져 있었습니다.

정환이는 살금살금 말에게 다가가서 말총을 잡아당겼습니다. 그러자 말이 펄쩍 뛰어오르면서 뒷발로 정환이를 차 버렸습니다. 정환이는 비명을

두려움을 느낄 때 지르는 외마디 소리

지르면서 땅바닥에 나동그라졌습니다.

1. 말의 꼬리털을 무엇이라고 하나요?

☐☐

2. 정환이는 아이에게 고맙다며 무엇을 주었나요?

☐☐

3. 정환이는 왜 땅바닥에 나동그라졌나요?

_____

4. 에서 알맞은 흉내말을 골라 써 보세요.

보기	껑충껑충	펄쩍	살금살금	솔솔

(1) 나는 ☐☐☐ 말에게 다가갔습니다.

(2) 말이 놀라 ☐☐ 뛰었습니다.

5.  를 보고 빈칸에 알맞은 낱말을 써 보세요.

보기	뒤 + ㅅ + 발 = 뒷발

뒤 + ㅅ + 다리 = ☐☐☐

소파 방정환

🌱 전기문을 읽고 물음에 답해 보세요.

소파 방정환 ❸

얼마 후에 의사가 다녀가고 식구들은 매우 걱정스럽게 정환이를 바라보고 있었습니다.

"내 말총은?"

정환이는 정신을 차리자마자 말총부터 찾았습니다. 정환이는 온몸이 아파서 움직일 수 없을 정도였습니다.

며칠 후에 정환이보다 두 살 위인 삼촌이 집에 놀러 왔습니다. 삼촌은 손에 책을 들고 있었습니다. 정환이는 책을 처음 보는 것이라서 낯설고 무척 신기해했습니다.
본 적이 없어 익숙하지 않고

"삼촌, 그게 뭐야?"

"이건 서양에서 들어온 책이야. ㉠이 책은 학교에 가야 배울 수 있는 거야."

"학교?"

정환이는 학교라는 곳에 가고 싶어졌습니다.

1. 삼촌은 정환이보다 몇 살이 많은가요?

☐ 살

2. 삼촌이 가지고 온 것은 무엇이었나요?

① 약   ② 책   ③ 연필
④ 떡   ⑤ 말총

3. 책을 처음 본 정환이는 책을 보며 어떠했나요?

무척

해했습니다.

4. 정환이는 책을 보고 나서 어디에 가고 싶어졌나요?

5. ㉠이 가리키는 것은 무엇인가요?

에서 들어온 책

6. 다음 낱말의 맞서는 말을 써 보세요.

(1) 낯설다 ↔ _____

(2) 배우다 ↔ _____

소파 방정환

🌱 전기문을 읽고 물음에 답해 보세요.

소파 방정환 ④

학교에서 신학문을 배우면 전차나 기차를 만들 수도 있다는 말을 듣자 가슴이 마구 벅차올랐습니다.

어느 날 정환이는 어른들 몰래 삼촌을 따라서 학교에 갔습니다.

학교 안에는 ⊙각양각색의 학생들로 꽉 차 있었습니다. 정환이는 살금살금 학교로 들어가서 까치발을 한 채 교실 안을 들여다보았습니다.

양복을 입고 머리를 짧게 깎은 선생님이 ⓒ검은색이 칠해진 넓은 판에 ⓒ흰 막대기로 글씨를 쓰고 있었습니다.

"우아! 신기하다. 저게 뭔데 썼다 지웠다 마음대로 할 수 있을까? 무슨 요술 부리는 막대 같네."

정환이는 너무 신기해서 교실 안의 모습을 넋을 잃고 보고 있었습니다.

1. 정환이는 왜 가슴이 벅차올랐나요?

학교에서 ☐☐☐ 을 배우면 ☐☐ 나 ☐☐ 를 만들 수 있다고 해서

2. '지금까지 전혀 알지 못한 새로운 공부'를 뜻하는 낱말을 찾아 써 보세요.

3. ㉠과 바꿔 쓸 수 있는 낱말은 무엇인가요?

① 단순한   ② 다양한   ③ 솔직한
④ 초라한   ⑤ 아름다운

4. ㉡과 ㉢은 무엇을 말하는지 각각 써 보세요.

(1) ㉡ : _____   (2) ㉢ : _____

5. 발뒤꿈치를 들고 서 있는 것을 무엇이라고 하나요?

6. 다음 문장에서 맞춤법이 틀린 낱말을 바르게 고쳐 써 보세요.

> 정환이는 너무 신기해서 교실 안의 모습을 넉슬 일코 보고 있었습니다.

(1) _____ → _____

(2) _____ → _____

소파 방정환

🌱 전기문을 읽고 물음에 답해 보세요.

소파 방정환 ❺

"너 학교에 다니고 싶니?"

정환이는 이 학교 교장 선생님이 자기를 바라보고 있는 줄도 몰랐습니다.

"네, 다니고 싶어요."

정환이는 겁이 났지만 교장 선생님을 쳐다보고 또박또박 대답했습니다.

"그럼 나처럼 머리를 짧게 깎아야 할 텐데 괜찮겠니?"

정환이는 할아버지의 화난 얼굴이 떠올라서 잠시 대답을 못하고 망설였습니다. 그렇지만 한편으로는 너무 오랫동안 대답을 하지 않으면 학교에 다니지 못하게 될까 봐 걱정이 되었습니다.

그래서 결국 머리를 자르기로 결심을 했습니다.

1. 정환이는 왜 선생님의 물음에 대답을 못하고 망설였나요?

☐☐☐☐☐ 의 ☐☐ ☐☐ 이 떠올라서

🌱 전기문을 읽고 물음에 답해 보세요.

소파 방정환 ❻

교장 선생님은 정환이의 머리를 손수 자르고 나서 빙긋 웃으며 두 손으로 정환이의 얼굴을 쓰다듬어 주었습니다.

"정말 영리해 보이는 아이로구나. 앞으로 큰일을 하는
눈치가 빠르고 똑똑해
사람이 될 게다."

하지만 집으로 돌아오면서 정환이는 너무 겁이 나서 발걸음이 무거웠습니다.

집으로 돌아와서 정환이는 결국 종아리에 피가 나도록 매를 맞았습니다. 그러나 정환이는 아픈 다리를 절룩거리
걸을 때 다리를 몹시 절면서도
면서도 학교에 다녔습니다.

그런 정환이를 지켜보시던 할아버지의 마음이 변했습니다. 그런 손자가 기특하여 더 이상 화를 내지 않으셨습니다. 오히려 책과 연필도 사 주시면서 정환이에게 공부를 계속 할 수 있도록 도와주셨습니다. 정환이는 학교에 다니면서 많은 것을 배우고 익혔습니다.

1. 아픈 다리를 절룩거리면서도 학교에 다니는 정환이를 본 할아버지의 마음은 어떻게 변했나요?

소파 방정환

🌱 전기문을 읽고 물음에 답해 보세요.

소파 방정환 ⑦

　이 이야기는 소파 방정환의 어린 시절에 있었던 이야기입니다.

　방정환은 1899년 1월, 서울 당주동에서 태어났습니다.

　여섯 살에 보성 소학교에 다니게 되었으며, 열 살 무렵에는 또래 아이들과 함께 마을 어린이들이 책을 함께 읽으며 공부하는 '소년 입지회'라는 모임을 만들기도 했습니다.

　1919년에는 《신청년》이라는 잡지를 만들었고, 1921년에는 '천도교 소년회'를 만들어 어린이 운동을 벌이기도 하였습니다. 1923년 일본에서 공부할 당시 윤극영, 마해송 등과 뜻을 모아 우리나라 최초의 어린이 운동 단체인 색동회를 만들기도 했습니다. 귀국해서는 '어린이날'을 선포하는 등 어린이 운동에 더욱 앞장섰습니다.

1. 방정환이 한 일이 맞으면 ○를, 틀리면 ✕를 해 보세요.

　(1) '소년 입지회'라는 모임을 만들었습니다. (　　　)

　(2) '색동회'를 만들어 어려운 사람들을 돌보았습니다. (　　　)

전기문을 읽고 물음에 답해 보세요.

소파 방정환 ⑧

이후 방정환은 몸이 몹시 약해져서 1931년 33세의 젊은 나이로 세상을 떠났습니다.

'어린이의 마음을 맑고 깨끗하게 하려면 동화를 읽혀야 한다. 그런데 그런 동화책이 한 권도 없으니 내가 만들 수밖에 없다.'

소파 방정환은 이런 생각을 가지고 짧은 생애지만 평생을 어린이를 위하고 어린이 문학을 발전시키는 데 노력하였습니다.

살아 있는 한 평생의 기간

1. 방정환은 어떤 사람이었나요?

☐☐☐ 를 위하고 ☐☐☐ ☐☐ 을 발전시키는 데 노력한 분입니다.

서술형 문제

2. 방정환에게서 배울 점은 무엇인지 생각해 보고 여러분의 생각을 써 보세요.

상범이의 일기

F73a

🌱 일기를 읽고 물음에 답해 보세요.

• 글의 종류 : 일기글
• 글감 : 시험

상범이의 일기

5월 12일 ㉠ 맑음

드디어 시험이 끝났다.

그런데 시험이 끝나고 집으로 돌아오는 길에 계속 머리가 어지럽고 아팠다.

집에 와서 어머니께 머리가 아프다고 말씀드렸다. 어머니께서 이마를 짚어 보셨다.

"이런 열이 많구나. 시험 때문에 긴장해서 그런 모양이다."

마음을 조이고 정신을 바짝 차림.

그러고는 약을 주시며 푹 쉬라고 하셨다.

지난 시험을 못 봐서 이번 시험에 잘 보려고 긴장을 해서 병이 났나 보다. 공부도 중요하지만 건강이 제일 중요하다는 말을 조금은 알 것 같았다.

1. ㉠에 들어갈 내용은 무엇인가요?

① 날짜   ② 요일   ③ 날씨

④ 제목   ⑤ 이름

2. 상범이는 왜 머리가 아팠나요?

시험 때문에 너무 ☐☐ 을 해서

3. 상범이는 오늘 일을 통해 무엇을 느꼈나요?

① 시험을 잘 봐야겠다는 것

② 건강이 제일 중요하다는 것

③ 운동을 열심히 해야겠다는 것

④ 음식을 골고루 먹어야겠다는 것

⑤ 부모님 말씀을 잘 들어야 한다는 것

서술형 문제

4. 우리의 몸을 튼튼하게 만드는 방법에는 무엇이 있을지 생각하여 써 보세요.

이슬비 색시비

🌱 즐거운 마음으로 동시를 읽고 물음에 답해 보세요.

• 글의 종류 : 동시(동요) • 시의 짜임 : 2연 8행
• 글쓴이 : 윤석중 • 글감 : 이슬비

이슬비 색시비

이슬비 색시비
㉠부끄럼쟁이.
소리 없이 몰래
내려오지요.

이슬비 색시비
곱고 곱지요.
빨강 꽃에 빨강 비,
파랑 잎에 파랑 비.

1. 이슬비를 무엇과 무엇이라고 했나요?

2. ㉠처럼 표현한 이유는 무엇인가요?

| | | 없이 | | | 내려와서 |

3. 실제 이슬비는 어떻게 내리는 비를 말하나요?

_____

4. 다음 낱말 중에서 맞춤법이 틀린 것은 무엇인가요?

① 잎   ② 꽃   ③ 빨강
④ 이슬비   ⑤ 부끄럼장이

5. 빨강 꽃에 떨어지는 비는 왜 빨강 비일지 생각하여 써 보세요.

_____

6. 만약 소낙비를 본다면 여러분은 무엇이 떠오를지 상상하여 써 보세요.

_____

비슷한 말 ①

1. 비슷한 말을 찾아 알맞게 이어 보세요.

(1) 마을　●　　　　　　　●　① 스승님

(2) 재미　●　　　　　　　●　② 가장

(3) 제일　●　　　　　　　●　③ 소망

(4) 이름　●　　　　　　　●　④ 질문

(5) 희망　●　　　　　　　●　⑤ 성명

(6) 선생님　●　　　　　　●　⑥ 흥미

(7) 가족　●　　　　　　　●　⑦ 동네

(8) 물음　●　　　　　　　●　⑧ 식구

(9) 친구　●　　　　　　　●　⑨ 동무

2. 문장의 밑줄 친 낱말과 뜻이 비슷한 말을 보기 에서 골라 써 보세요.

> 보기   매우   항상   올해   아우   까닭   가끔   뺨

(1) <u>금년</u>에는 일찍 일어나는 어린이가 되겠습니다.
　　(　　　　　　　)

(2) 아기의 <u>볼</u>은 늘 빨갛습니다.
　　　(　　　　　　　)

(3) 내 짝꿍은 <u>늘</u> 웃는 얼굴입니다.
　　　　(　　　　　　)

(4) 내 <u>동생</u>은 정말 착합니다.
　　(　　　　　　　)

(5) 오늘 날씨는 <u>무척</u> 덥습니다.
　　　　(　　　　　　)

(6) 늦게 온 <u>이유</u>를 말해야 합니다.
　　　(　　　　　　)

(7) 나는 <u>종종</u> 수영을 합니다.
　　　(　　　　　　)

비슷한 말 ②

1. 밑줄 친 말과 뜻이 비슷한 말을 찾아 밑줄을 그어 보세요.

(1) 우리 언니는 성격이 차분합니다. 그래서 어려운 상황에서도 늘 침착하다는 말을 듣습니다.

(2) 이모는 오랜 병으로 야위었습니다. 그리고 오랫동안 이모를 돌보아 온 이모부도 몹시 수척했습니다.

(3) 나는 남들 앞에 서는 것을 매우 부끄러워합니다. 선생님께서 앞에 나와 발표를 하라고 하면 수줍어 어쩔 줄을 모릅니다.

(4) 우리 형은 손재주가 좋습니다. 고장난 라디오도 고치고, 망가진 자전거도 멀쩡하게 만듭니다.

(5) 아기의 볼은 늘 빨갛습니다. 발그스레한 뺨을 보면 매우 귀엽습니다.

(6) 늦게 일어나서 학교에 지각을 했습니다. 선생님께서 늦게 온 이유를 물으셨습니다. 나는 늦게 온 까닭을 말씀 드렸습니다.

2. 밑줄 친 말과 바꿔 쓸 수 있는 말에 ○를 해 보세요.

(1)　호랑이가 나온다는 산길을 걷다가 '바스락' 하는 소리에 <u>간이 콩알만해졌습니다</u>.

　　(부끄러웠습니다, 놀랐습니다, 슬펐습니다)

(2)　에드워드 왕자와 옷을 바꿔 입은 톰은 왕자 노릇을 하는 것이 <u>바늘 방석에 앉은 것 같았습니다</u>.

　　(불편했습니다, 기뻤습니다, 안타까웠습니다)

(3)　어머니를 따라 여탕에 갔다가 여자 친구 경미를 만났습니다. 경미는 남자가 여탕에 왔다고 마구 놀려 댔습니다. 나는 <u>쥐구멍에라도 들어가고 싶은 심정이었습니다</u>.

　　(속상했습니다, 창피했습니다, 궁금했습니다)

(4)　비가 온 후 날씨가 쌀쌀해졌습니다. 얇은 옷을 입고 학교에 간 <u>민주는 와들와들 떨었습니다</u>.

　　(추웠습니다, 더웠습니다, 시원했습니다)

형주의 일기

🌱 일기를 읽고 물음에 답해 보세요.

• 글의 종류 : 일기글
• 글감 : 자전거 도독

형주의 일기

7월 8일 수요일 맑음

동생과 함께 체육관에서 돌아오는데 자전거가 안 보였다.

자전거는 없고 자물쇠만 바닥에 떨어져 있었다.

"어, 자전거 어디 갔지?"

번호로 잠그는 자물쇠였는데 누가 풀러서 훔쳐간 것이다.

여닫게 되어 있는 물건을 잠그는 장치

"오빠, 번호를 어떻게 알았을까?"

옥현이가 물었다.

잠시 생각해 보니 내가 자물쇠에다 비밀 번호를 적어 놓은 것이다.

나는 너무 속상해서 막 울었다. 생일 선물로 아빠께서 사 주신 자전거였는데……

누가 가져갔는지 몰라도 조금만 타고 꼭 돌려 줬으면 좋겠다.

1. 어디에서 돌아오는 길이었나요?

> [ ] [ ] [ ]

2. 형주가 잃어버린 물건에 ○를 해 보세요.

①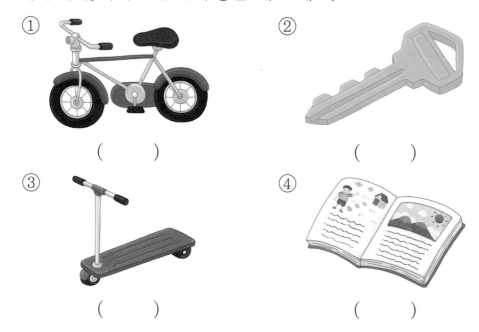

(   )

②

(   )

③

(   )

④

(   )

3. 동생 이름은 무엇인가요?

> [ ] [ ]

4. 형주는 왜 울었나요?

> [ ] [ ] [ ] 를 잃어버린 것이 [ ] [ ] 해서

5. 형주가 자전거를 잃어버린 까닭을 써 보세요.

문장 만들기

1. 주어진 낱말을 넣어 문장을 만들어 보세요.

(1) | 애벌레, 번데기, 나비

_____

_____

(2) | 배, 구름, 바다, 하늘

_____

_____

(3) | 임금님, 신하, 보물

_____

_____

(4) | 아기, 엄마, 방긋방긋

_____

_____

높임말

1. 다음 문장을 읽고 밑줄 친 낱말을 대상에 맞게 고쳐 써 보세요.

(1) "아버지, <u>내가</u> 잘못했어요. 용서해 주세요."

(   )

(2) 고모께서 우리 집에 <u>왔습니다</u>.

(   )

(3) 선생님들께서 의자에 앉아 <u>있습니다</u>.

(   )

(4) 동생이 간식을 맛있게 <u>드십니다</u>.

(   )

(5) 형이 아침 <u>진지를</u> 먹고 있습니다.

(   )

(6) 할아버지께서 하신 <u>말이</u> 모두 옳습니다.

(   )

(7) 할머니께서는 목욕탕에 <u>갔습니다</u>.

(   )

시간과 장소를 나타내는 말 F79a

1. 다음 문장에서 시간을 나타내는 말과 장소를 나타내는 말을 찾아 써 보세요.

(1)

> 옛날 깊은 산속에 나무꾼이 살았습니다.

① 때 : _____ ② 장소 : _____

(2)

> 나는 어릴 적에 시골에서 자랐습니다.

① 때 : _____ ② 장소 : _____

(3)

> 형과 함께 지난 일요일에 학교 운동장에서 축구를 했습니다.

① 때 : _____ ② 장소 : _____

(4)

> 어제는 동생이 아파서 병원에 갔었습니다.

① 때 : _____ ② 장소 : _____

(5)

> 작년 어린이날에는 온 가족이 놀이동산에 갔었습니다.

① 때 : _____ ② 장소 : _____

맞춤법

1. 맞춤법이 바른 낱말에 ◯를 해 보세요.

(1) 나는 국어 과목이 제일 (좋다, 조타).

(2) 여름 방학 때 지리산 (골자기, 골짜기)에서 야영을 할 것이다.

(3) 여름에는 물을 꼭 (끄려, 끓여) 먹어야 합니다.

(4) 동생은 자기 이름 세 (글자, 글짜)도 제대로 못 씁니다.

(5) 미나는 나와 (사촌, 사춘) 사이입니다.

(6) 창피해서 머리만 (극적거렸습니다, 긁적거렸습니다).

(7) 저녁을 (굴멋더니, 굶었더니) 배가 고프다.

(8) 거북은 목이 (짧다, 짤따).

(9) 강아지가 밥그릇을 (핥고, 할코) 있습니다.

(10) 재민이는 공부를 열심히 하지 (안았습니다, 않았습니다).

맞서는 말

1. 서로 맞서는 말끼리 이어 보세요.

(1) 뒷산　　•

(2) 속　　•

(3) 사랑　　•

(4) 남자　　•

(5) 지난해　•

(6) 낮　　•

(7) 신부　　•

(8) 음지　　•
　햇볕이 들지 않아 그늘진 곳

(9) 안　　•

•　① 겉

•　② 미움

•　③ 앞산

•　④ 신랑

•　⑤ 밤

•　⑥ 여자

•　⑦ 다음해

•　⑧ 양지
　볕이 드는 곳

•　⑨ 밖

2. 다음 문장에서 밑줄 친 낱말의 맞서는 말을 🔵 에서 골라 써 보세요.

> 🔵 보기   신부   여자   학생   작은   추운   우는   짧다

(1) 우리 <u>선생님</u>은 공부를 열심히 가르치신다.

　　우리 반 ＿＿＿＿＿＿＿＿＿ 들은 공부를 열심히 한다.

(2) <u>신랑</u>이 된 삼촌은 기분이 좋아 보인다.

　　＿＿＿＿＿＿＿＿＿ 가 된 숙모도 기분이 좋아 보인다.

(3) <u>남자</u>는 <u>남자</u> 화장실을 이용해야 한다.

　　＿＿＿＿＿＿＿ 는 ＿＿＿＿＿＿＿ 화장실을 이용해야 한다.

(4) <u>더운</u> 여름에는 해수욕을 한다.

　　＿＿＿＿＿＿＿＿ 겨울에는 스케이트를 탄다.

(5) <u>큰</u> 고추보다 ＿＿＿＿＿＿＿ 고추가 더 맵다.

(6) <u>웃는</u> 얼굴이 ＿＿＿＿＿＿＿ 얼굴보다 더 예쁘다.

(7) 뱀은 꼬리가 <u>길다</u>.

　　토끼는 꼬리가 ＿＿＿＿＿＿＿ .

낱말 아바타 놀이

바르게 쓰인 낱말을 찾아 아바타를 완성해 보세요.

 물이 팔팔 [＿＿＿＿＿].

끊다

끓다

꿇다

 손을 깨끗이 [＿＿＿＿＿].

닳다

닦다

닫다

 꽃을 [＿＿＿＿＿].

꽂다

꽃다

곶다

※ 정답은 따로 보관하고 있다가 채점할 때 사용해 주세요.

1주 (1a~20b)

1
ⓐ 1. 채린   2. 예 등굣길에 혜민이가 검은색 큰 개를 봤대. 사냥개인 것 같아. 주둥이하고 다리가 길고 귀를 쫑긋하게 세우고 있었대. 정말 무서웠을 거야.

ⓑ 1. 앵두나무   2. 예 시원한 물가에서 헤엄치고 싶다고

2
ⓐ 1. 생일

ⓑ 2. ②   3. 103, 702   4. 9, 15, 토   5. 초대
6. 초대할 시간, 초대할 장소, 초대하는 이유 등

3
ⓐ 1. 이빨 시합

ⓑ 2. ③, ⑤   3. 눈   4. ②   5. 의기양양

4
ⓐ 1. 신문

ⓑ 2. 어른 모자   3. ③   4. 일등, 축하   5. ⑤

5
ⓐ 1. 이빨   2. 얼굴

ⓑ 1. ③   2. 이빨이 썩었습니다.

6
ⓐ 1. 산성 물질   2. (1)④ (2)① (3)③ (4)②

ⓑ 1. ①, ②   2. 칫솔질

7
ⓐ 1. ③ → ② → ⑤ → ① → ④

ⓑ 2. 이빨 시합, 당나귀, 케이크, 강가, 이빨, 의사, 세균, 산성 물질, 음식, 칫솔질

8
ⓐ 1. ④

ⓑ 2. 십자가, 차   3. 헌혈은 사랑입니다.   4. 헌혈
5. 자신의 피를 조금 뽑아서 피가 모자라는 아픈 사람들에게 나누어 주는 것   6. 예 자선 바자회, 불우이웃 돕기 성금 모금

9
ⓐ 1. 체육 시간

ⓑ 2. 체육복, 운동장   3. 운동회   4. 운동   5. 운동   6. 환호성

10
ⓐ 1. 웅성웅성   2. ①

ⓑ 1. ⑤   2. 축구 선수

11
ⓑ 1. (1) ○ (2) ○ (3) ○ (4) ×   2. ①   3. 시합
4. 예 의사, 열심히 공부하고 선생님 말씀도 잘 들어야

12
ⓐ 1. 예 (1) 우르릉 쾅쾅 (2) 삐악삐악, 멍멍 (3) 뒤뚱뒤뚱

ⓑ 2. 예 (1) 구름, 비, 눈, 새 (2) 아지랑이, 개나리, 봄비, 새 학년, 개구리, 소풍 (3) 지우개, 연필, 공책, 자, 크레파스 (4) 엄마, 아빠, 할머니, 할아버지, 사랑, 동생 (5) 선생님, 칠판, 분필, 숙제, 운동장, 짝꿍 (6) 드라마, 뉴스, 만화, 가수, 교육 방송

13
ⓐ 1. 고려, 공양왕

ⓑ 1. 농부, 소

14
ⓐ 1. ②   2. 개경

ⓑ 1. 성균관, 학관   2. (1) ② (2) ①

15
ⓐ 1. 두 마리 소 중 어느 소가 일을 더 잘하는지

ⓑ 1. (1) ② (2) ①

16
ⓑ 1. 황희   2. 아무리 짐승이라도 자기 흉을 들으면 기분 나빠할 것이라고 생각해서   3. ③, ④   4. 귀엣말   5. ④

17
ⓐ 1. 환절기

ⓑ 2. ②   3. 바이러스   4. 어른보다 병균에 대한 대처 능력이 약하기 때문에   5. 여러 질병을 함께 일으킬 수 있어서   6. 예 열이 많이 나고 기침이 많이 나왔습니다.

18

ⓑ 1. ⑤　　2. 호흡, 바이러스　　3. 가슴기나 젖은 수건, 젖은 빨래를 이용합니다.　　4. 과일, 채소　　5. 설명문

19

ⓑ 1. 휴식　　2. 미지근한, 온몸, 닦습니다　　3. ①, ③, ④　　4. 알레르기성 비염이나 중이염이 될 수 있습니다.　　5. 코를 한 쪽씩 번갈아서 풉니다.　　6. 예 유자차를 끓여 마십니다. 입 안을 자주 헹굽니다.

20

ⓐ 1. (1) ②　(2) ②
ⓑ 1. 예 다리가 불편해 잘 걷지 못하는 친구들에게 앉으면 어디든 갈 수 있는 로봇 의자나 아무리 먼 곳이라도 다 볼 수 있는 망원경을 선물해 주고 싶습니다.　　2. 예 카레, 스파게티, 불고기를 넣어 새로운 맛의 김밥을 만들고 싶습니다. 그리고 이 김밥을 내가 좋아하는 짝꿍 혜지에게 주겠습니다.

다섯 고개 놀이

개나리

2주 (21a~40b)

21

ⓐ 1. 까치　　2. 예 등은 푸른빛을 띤 검은색이고 배는 하얗습니다. 꽁지는 가위 모양으로 갈라져 있습니다. 봄이 되면 우리나라를 찾아오는 철새입니다.
ⓑ 1. 엄마　　2. 예 병이 나서 앓고 있는 나를 위해 밤새워 간호해 주셨을 때

22

ⓐ 1. ①　　2. 생활 형편
ⓑ 1. 꽃, 노래

23

ⓐ 1. ⑤
ⓑ 1. 눈

24

ⓐ 1. ②
ⓑ 2. 벌레, 등불　　3. ②　　4. 화재　　5. 불

25

ⓐ 1. 반딧불이
ⓑ 2. (1) ○　(2) ○　(3) ×　　3. 보석, 반짝　　4. 선량한 마음　　5. ②

26

ⓐ 1. 꽃, 새의 노래, 무지개, 눈, 반딧불이　　2. ② → ③ → ① → ④
ⓑ 3. 선량한, 풀, 나무, 꽃, 물감, 노래, 나쁜, 무지개, 벌레, 등불, 반딧불이

27

ⓐ 1. 한힌샘
ⓑ 2. 크고 맑은 샘　　3. ⑤　　4. ①　　5. 우리말과 우리글의 소중함을 일깨워 주려고

28

ⓑ 1. 서당　　2. ④　　3. (1) ×　(2) ○　(3) ×　(4) ○　　4. 세 사람이 함께 길을 가면 그중에는 반드시 나의 스승이 있다는 뜻　　5. 예 공책에 글을 쓰는 데 시간이 많이 걸릴 것 같습니다. 하고 싶은 말을 다 쓰지 못할 것 같습니다.

29

ⓐ 1. 중국
ⓑ 2. 소리가 나는 대로 읽고 쓰기 때문에　　3. 배재학당　　4. 아펜젤러　　5. 띠게 → 뜨게　　6. ②

30

ⓐ 1. 우리글
ⓑ 2. 과학적, 체계적　　3. 젊은이　　4. (1) ○　(2) ○　(3) ×　　5. 선각자　　6. 신문의 교정을 맡기고 싶어서

31

ⓑ 1. 독립신문　　2. ①　　3. ⑤　　4. 한글 표기법　　5. 예 보통 사람들도 쉽게 신문을 읽고 세상 돌아가는 일을 알 수 있다는 것

32

ⓐ 1. 교육   2. 주보따리

ⓑ 1. 《국어문법》, 《대한국어문법》, 《말의 소리》 등 2. ①

33

ⓐ 1. 여행

ⓑ 2. (1) 같이 (2) 챙겼습니다   3. 마음이 들떠서
4. (1) 아침 7시 (2) 가평 (3) 민경이네 가족   5. ④

34

ⓐ 1. 꽃무늬

ⓑ 2. ①   3. ① → ② → ④ → ③   4. 목욕할 때 물
이 너무 차가워 추웠다는 것   5. 지하수

35

ⓐ 1. 밤낚시

ⓑ 2. 깜박 졸았다.   3. 엄마, 화   4. 물고기, 낚시
바늘   5. (1) ① (2) ②

36

ⓐ 1. 다슬기

ⓑ 2. 비슷, 작다   3. ④   4. 쓰다듬어   5. 미끄러
져 넘어지고   6. (1) ② (2) ① (3) ② (4) ①

37

ⓐ 1. 소백산

ⓑ 2. 흉년   3. 죽령   4. ⑤   5. ③   6. 죽령 산
적이 도둑질을 해서 백성들을 괴롭히고 임금님의
진상품까지 훔쳐 가서

38

ⓐ 1. 죽령 산적

ⓑ 2. (1) ○ (2) × (3) ×   3. (1) 소곤소곤 (2) 싱긋
4. ④   5. 할머니가 생각해 낸 방법이 좋을 것 같
아서

6.

"	제	가		산	적	들	을		잡	을		수	∨
있	게		도	와		드	리	지	요	.	"		

39

ⓐ 1. 감쪽같이

ⓑ 2. ②   3. 다자구, 들자구   4. ③   5. 예 지금
병사가 산적들을 잡으러 와서 가르쳐 주려고 왔다
고 거짓말을 하겠습니다.

40

ⓑ 1. 곤드레만드레   2. ②   3. (1) : 아직 덜 잔다.
(2) 다 잔다.   4. ①   5. 예 '다려라'와 '서와라' /
'다려라'는 '기다려라'는 뜻, '서와라'는 '어서 와
라'는 뜻입니다.

수수께끼 놀이

화장실, 이불장, 별똥, 줄다리기, 눈꺼풀, 바지

3주 (41a~60b)

41

ⓐ 〈듣기 대본〉
　옛날 어느 마을에 구두쇠가 살았어요. 얼마나 절약을
하는지, 바람이 쌩쌩 부는 날에도 장작이 아까워 불을
지피지 않았어요. 그리고 옷소매가 닳을까 봐 팔도 몸에
딱 붙이고 조심조심 걸어다녔어요.
　어느 날 구두쇠는 며느릿감을 찾아 나섰어요. 그러는
중에 어떤 사람이 양손에 짚신을 들고 뛰어가는 것을 보
았어요.
　"아니, 왜 짚신을 들고 뛰는 거요?"
　"짚신을 신고 뛰면 닳을 게 아니오? 난 지금 우리 집
된장을 훔친 도둑을 잡아야 해서……."
　그러더니 '쌩' 하니 달려가는 거예요. 알고 보니 된장
위에 앉았다 날아간 파리를 잡으러 가는 거였어요. 그
사람이 바로 자린고비였지요.
　구두쇠는 마을 사람들에게 물어 자린고비의 집에 찾
아가 보았어요.
　자린고비네 집은 마침 저녁을 먹고 있었어요. 그런데
온 가족이 밥 한 번 먹고 방 한가운데 매달린 굴비를 한
번 쳐다보고, 밥 한 번 먹고 굴비 한 번 쳐다보고 하는
것이었어요. 구두쇠는 자기보다 더 아끼는 자린고비의
모습을 보고 크게 놀랐다고 해요.

1. 며느릿감   2. 자기보다 더 아끼는 모습에 크게
놀랐습니다.   3. 예 지나치게 아끼는 것은 좋지 않
지만 절약하는 정신은 좋게 생각합니다.

ⓑ 1. 대궁, 이파리   2. 예 작은 풀에서 / 나무 열매까
지 / 참 / 잘 키워 놓으셨다.

42

ⓐ 1. ⑤

ⓑ 1. 착한 마음씨   2. 예 《닐스의 모험》의 닐스에게

43

ⓐ 1. ③

ⓑ 2. 용왕님   3. 용궁   4. ③   5. 진찰   6. 병

44

ⓐ 1. 가자미

ⓑ 2. 토끼, 간   3. (1) 바 (2) 육 (3) 육 (4) 바   4. 물고기들은 육지에 오르면 숨이 막혀서 죽게 되어 아무도 약을 구하러 갈 수 없어서   5. ②

45

ⓑ 1. 자라   2. 자라   3. ⑤   4. 예 민 머리에 짧은 다리, 달걀 모양의 딱딱한 등

46

ⓐ 1. 멀었습니다.

ⓑ 2. (1) ② (2) ①   3. ④   4. 예 (1) 고운 (2) 무지개처럼 아름다운   5. 울긋불긋

47

ⓐ 1. (1) ② (2) ① (3) ③

ⓑ 1. ③

48

ⓐ 1. 짐승, 사냥꾼

ⓑ 1. 병사들에게 꽁꽁 묶여 용왕님 앞으로 끌려갔습니다.

49

ⓐ 1. 커다란 물고기

ⓑ 1. 몸, 골짜기 바위

50

ⓑ 1. 뭉무키   2. 팔딱 뛰어내려 자라에게 호통을 쳤습니다.   3. 먼 길, 정성   4. 예 팔딱팔딱, 폴짝폴짝   5. ①

51

ⓐ 1. 친구, 화   2. ⑤   3. (1) 휘둥그레 (2) 옴짝달싹   4. 예 사람이 사는 병원에서 수술을 받게 하겠습니다. 산삼을 구해서 먹게 하겠습니다.

ⓑ 5. 용왕님, 육지, 토끼, 간, 자라, 토끼, 육지, 토끼, 간, 골짜기, 거짓말, 자라, 간, 깡충깡충

52

ⓐ 1. 흐림

ⓑ 2. 구민 합창 대회   3. 학교 수업이 끝나고 매일 남아 연습을 해서   4. ③   5. 전국 대회   6. 예 아이들이 좋아하는 곡을 골라 매일 꾸준히 즐겁게 연습합니다.

53

ⓐ 1. 태권도

ⓑ 2. 2학년   3. 낡았기   4. 왜냐하면   5. 학교에서 선생님께 태권도를 배웠습니다.

54

ⓐ 1. 삐그덕삐그덕

ⓑ 2. 계단이 부서질까 봐   3. ④   4. 조마조마   5. 예 성큼이

55

ⓑ 1. (1) 지붕 (2) 마룻바닥   2. ①   3. 태권도 학원 선생님이 제일 잘 가르치신다고 해서   4. ④   5. 예 우리는 합창 대회 준비를 위해 열심히 연습했다.

56

ⓑ 1. ②   2. 쿵쾅쿵쾅   3. 계단에 다리가 끼어서   4. ②   5. 예 당장 다른 학원으로 옮길 것입니다. 태권도 선생님께 바닥을 새로 고쳐 달라고 말씀드리겠습니다.

57

ⓑ 1. 흐리다 비 옴.   2. 인터넷   3. ①   4. 아버지   5. 비가 오고 번개가 칠 때는 절대로 컴퓨터를 켜지 말아야겠다고

58

ⓐ 1. (1) 어제, 내일 (2) 올해(금년)   2. (1) 여기 (2) 거기 (3) 저기   3. (1) × (2) × (3) ○ (4) ○   4. (1) 시 (2) 장 (3) 장 (4) 시

ⓑ 1. (1) 진지 (2) 드시다(잡수시다) (3) 드리다 (4) 말씀 (5) 계시다 (6) 여쭈다 (7) 돌아가시다 (8) 주무시다   2. ③, ⑤

59

ⓐ 1. 큰 것, 작은 것   2. 솔개

ⓑ 1. ①   2. 고양이, 늑대

60

ⓐ **1.** 호랑이　**2.** 잘난 척하며 다른 작은 동물들을 업신여기기까지 했습니다.

ⓑ **1.** 도사를 죽여야겠다고 생각했습니다.　**2.** 예 은혜를 잊지 말아야겠다는 것, 잘난 척을 하지 말아야겠다는 것

낱말 퀴즈 놀이

1. 당나귀　**2.** 태권도　**3.** 자라　**4.** 자전거

4주 (61a~80b)

61

ⓐ
〈듣기 대본〉
　어느 한 마을에 눈은 에메랄드, 칼에는 루비가 박히고, 온몸은 금으로 된 왕자 동상이 있었습니다.
　어느 날 가을이 되어 남쪽 나라를 찾아가는 제비 한 마리가 동상 위에 앉아 쉬고 있었습니다. 그러자 왕자는 제비에게 칼에 박힌 루비를 떼어 가난한 집에 갖다 주고 오라고 시켰습니다. 다음 날은 눈에 박힌 에메랄드를 떼어 불쌍한 사람에게 갖다 주라고 했습니다.
　두 눈에 박힌 에메랄드를 모두 주고도 왕자는 가난하고 불쌍한 사람들 걱정에 마음이 아팠습니다. 보석을 다 나눠 주자 이젠 몸에 박힌 금을 떼어 사람에게 갖다 주라고 하였습니다. 그러다가 제비는 얼어 죽었고 왕자도 흉측한 동상이 되었습니다.
　흉측하게 변해 버린 왕자의 동상은 철거되었는데, 철거될 때 동상에서 '심장'이 나와 불타고 있었다고 합니다.

1. 자신의 몸에 박힌 보석을 떼어 불쌍한 사람들에게 나눠 주고 오라고　**2.** 심장　**3.** 예 자신의 몸이 흉측하게 변하는데도 계속 불쌍한 사람들에게 베푸는 왕자의 마음이 아름답고 존경스러웠습니다. 왕자의 심부름을 하다가 죽은 제비 역시 대단해 보였습니다.

ⓑ **1.** 예 작은 것이지만 나를 생각해 준 마음이 참 고마울 것 같습니다.

62

ⓐ **1.** ③

ⓑ **1.** 성희, 민희　**2.** 놀러 나갈 때 꼭 데려가고, 더 많이 놀아 주겠다는 것

63

ⓑ **1.** 요술자　**2.** ①　**3.** 예쁜 그림이 그려져 있고, 손가락으로 문지르면 향기가 나는 공책입니다.　**4.** 소파　**5.** ②

64

ⓐ **1.** ①

ⓑ **2.** 공책을 숨긴 것　**3.** (1) 희민　(2) 경민　**4.** 아버지　**5.** 아버지가 → 아버지께서　**6.** 두근두근

65

ⓐ **1.** 거짓말　**2.** 아버지, 겁

ⓑ **1.** ⑤

66

ⓐ **1.** ①　**2.** ④　**3.** 예 (1) 옆집 아저씨께　(2) 지난 일요일에　(3) 골목에서　(4) 야구공으로 유리창을 깼는데 모른다고 했습니다.　(5) 혼날까 봐 무서워서

ⓑ **1.** (1) 보글보글　(2) 컹컹컹　(3) 방긋방긋　(4) 깡충깡충

67

ⓐ **1.** 참새 한 마리

ⓑ **2.** ①　**3.** 참새　**4.** 말총, 올가미, 울타리　**5.** 동그라케 → 동그랗게　**6.** (1) 네　(2) 내, 네

68

ⓐ **1.** 말총

ⓑ **2.** 사탕　**3.** 말이 뒷발로 정환이를 차 버려서　**4.** (1) 살금살금　(2) 펄쩍　**5.** 뒷다리

69

ⓐ **1.** 두

ⓑ **2.** ②　**3.** 낯설고, 신기　**4.** 학교　**5.** 서양　**6.** (1) 낯익다　(2) 가르치다

70

ⓐ **1.** 신학문, 전차, 기차

ⓑ **2.** 신학문　**3.** ②　**4.** (1) 칠판　(2) 분필　**5.** 까치발　**6.** (1) 넉슬 → 넋을　(2) 일코 → 잃고

71

ⓐ 1. 할아버지, 화난 얼굴

ⓑ 1. 손자가 기특하여 더 이상 화를 내지 않으셨습니다.

72

ⓐ 1. (1) ○ (2) ×

ⓑ 1. 어린이, 어린이 문학   2. 예 한번 시작한 일은 끝까지 하는 끈기와 노력

73

ⓑ 1. ②   2. 긴장   3. ②   4. 예 운동을 열심히 합니다. 편식을 하지 않습니다.

74

ⓐ 1. 색시비, 부끄럼쟁이

ⓑ 2. 소리, 몰래   3. 아주 가늘게 내려 소리조차 들리지 않는 비   4. ⑤   5. 예 투명한 비가 꽃잎에 떨어져 꽃잎 색깔과 같아 보여서   6. 예 호랑이 선생님, 번개

75

ⓐ 1. (1) ⑦ (2) ⑥ (3) ② (4) ⑤ (5) ③ (6) ① (7) ⑧ (8) ④ (9) ⑨

ⓑ 2. (1) 올해 (2) 뺨 (3) 항상 (4) 아우 (5) 매우 (6) 까닭 (7) 가끔

76

ⓐ 1. (1) 침착 (2) 수척했습니다 (3) 수줍어 (4) 망가진 (5) 뺨 (6) 까닭

ⓑ 2. (1) 놀랐습니다 (2) 불편했습니다 (3) 창피했습니다 (4) 추웠습니다

77

ⓑ 1. 체육관   2. ①   3. 옥현   4. 자전거, 속상   5. 자전거 자물쇠에다 비밀 번호를 적어 놓아서

78

ⓐ 1. 예 (1) 애벌레가 조금씩 자라 번데기가 되고, 이 번데기에서 멋진 나비가 나오게 됩니다. (2) 바다 위에는 배가 통통 떠 가고, 하늘에는 구름이 동동 떠 갑니다. (3) 임금님이 정직한 신하에게 많은 보물을 주었습니다. (4) 아기가 엄마를 보며 방긋방긋 웃고 있습니다.

ⓑ 1. (1) 제가 (2) 오셨습니다 (3) 계십니다 (4) 먹습니다 (5) 밥을 (6) 말씀이 (7) 가셨습니다

79

ⓐ 1. (1) ① 옛날 ② 깊은 산속 (2) ① 어릴 적 ② 시골 (3) ① 지난 일요일 ② 학교 운동장 (4) ① 어제 ② 병원 (5) ① 작년 어린이날 ② 놀이동산

ⓑ 1. (1) 좋다 (2) 골짜기 (3) 끓여 (4) 글자 (5) 사촌 (6) 긁적거렸습니다 (7) 굶었더니 (8) 짧다 (9) 핥고 (10) 않았습니다

80

ⓐ 1. (1) ③ (2) ① (3) ② (4) ⑥ (5) ⑦ (6) ⑤ (7) ④ (8) ⑧ (9) ⑨

ⓑ 2. (1) 학생 (2) 신부 (3) 여자, 여자 (4) 추운 (5) 작은 (6) 우는 (7) 짧다

낱말 아바타 놀이

열심히 공부했으니 놀이기구 타고 신 나게 놀아야지!